# 人口からみた宗教の世界史

ユダヤ教・キリスト教・イスラムの興亡

宮田 律

*Miyata Osamu*

PHP新書

# はじめに

二十一世紀の世界では宗教的にはイスラム人口が最も多くなると見られている。理由はキリスト教信仰が支配的な欧米では日本と同様に、少子高齢化によって人口が伸び悩むこと、イスラムでは家族関係を大事にして、子どもを神の賜物《たまもの》として歓迎し子沢山《こだくさん》を美徳とするような傾向があること、またイスラムは信仰を放棄する棄教は認めることがなく、さらに人為的な避妊が定着してこなかったことなどの要因を背景にしてムスリムの人口増加は継続していくに違いない。

世界の総人口七三億人のうち二三億人（人口比で三一%）をキリスト教徒が占め、次いでイスラム教徒が一八億人（二五%）、ヒンズー教徒が一一億人（一五%）、仏教徒が五億人（七%）、民族信仰が四億人（五%）、信仰をもたない人は一二億人（一六%）となっている（二〇一五年時点）。しかし、キリスト教の人口が常に多かったわけではなく、歴史を振り返るとオスマン帝国などのイスラム国家が世界の覇権を握った時代などは、非キリスト教世界の人口のほうが多くいた時代もあり、キリスト教人口は産業革命で食糧生産が増えたことなどを背景にイスラム人口などを抜いていった。

世界の宗教動静を調査している米調査機関「ピュー・リサーチ・センター」によれば、約四十年後の二〇六〇年までにはイスラム教徒が三〇億人（人口比三一％）、キリスト教徒が三一億人（三二％）とほぼ同等になり、その後はイスラム教が世界最大の宗教になると見られている。

日本でもイスラム人口は増加していくことが予想されている。少子高齢化の日本では労働人口への切実な需要を背景に、二〇一九年四月から施行された新制度「特定技能2号」によって、高い技能をもつインドネシアやマレーシアなどムスリム（イスラム教徒）が多い国の外国人たちが制度的に家族の帯同を認められ、期間の上限なしに滞在期間を更新できるという事実上の外国人の永住システムが確立された。

外国人労働者の受け入れ拡大にともなって、これまで日本人が接触することがあまり多くなかったムスリムたちも今まで以上に多く日本に活動の場を求めることになる。さらに、世界でも〇・二％（一五〇〇万人：二〇二〇年）とごく少数派のユダヤ教徒たちも二〇二三年四月に日本がイスラエルとの間で確立したワーキングホリデー制度で来日することが予想されている。

世界に目を転じても人の移動が頻繁になったことや、中東や北アフリカのイスラム地域の紛争や貧困などの社会的背景から移民や難民としてムスリムが欧米などの先進国に流出し続けるようになっている。イスラムの中心としてダマスカスやバグダードが栄えたのは、ヨーロッパやイラン、インドなどと商業、学芸などを通じて不断の交流があり、国際的都市として発展したからだった。異文化、異文明との不断の接触がイスラム世界に繁栄をもたらしたのだ。米国のトランプ元大統領はムスリム移民の入国を禁止したが、ある文明をシャットアウトするのでは、豊かな文化・文明を育むことはできない。

七世紀以降イスラム世界が拡大、発展していく過程で、イスラムはギリシアやローマ帝国が支配した地域を包摂するようになり、ギリシア・ローマの古典を継承し、その翻訳、研究を行っていった。ムスリムたちは、学術・科学を発展させ、ムスリムの学究的成果がスペインのコルドバやシチリア島のパレルモなどを通じてヨーロッパにもたらされ、ルネサンスとして開花することになった。

欧州では、文化や慣習が異なるムスリム移民や難民たちの増加が、彼らの排斥を唱える極右勢力の台頭をもたらし、二〇一九年五月に行われた欧州議会選挙でもＥＵ離脱派が躍進した。ムスリム移民が欧州社会に溶け込めない疎外感から欧州域内でテロを起こしたこともあったが、他方でドイツなどでは労働力不足を補うためにトルコ人などのムスリム労働者に頼ってきた。また、ドイツがシリア難民を多数受け入れたのも、難民たちの知力や技術によって将来のドイツ社会を支えたいという意図があったからだ。

様々な宗教文化が混在する欧州におけるイスラムとの関わりは、ムスリム人口の増加が見込まれる日本社会の将来にも教訓を与えるものであるに違いない。少子高齢化が顕著な日本は、経済を維持するために、ムスリムの外国人労働にも頼らなければならなければならないが、彼らを隔絶させるようなことはあってはならないし、また日本社会は彼らを円滑に取り込んでいくことが課題となっている。中国、韓国など東アジアでも外国人労働者を必要とするようになっているが、日本の外国文化、外国人に対する理解が遅れていることが日本社会のこれからの発展や生き残りにとって障害にならないよう改善しなくてはならない。

二〇一九年に話題になったラグビーワールドカップの日本代表は、代表三一人の選手のうち一五人が外国出身だった。キャプテンのリーチ・マイケル選手は、「チームとして（日本の）いろいろな文化、伝統、歴史を学んでいきたいと思っています」と語った。様々な外国出身の選手たちが一つの目標に向かって真摯《しんし》にプレーしているところが、日本代表チームが共感を呼ぶことの理由にもなった。ラグビー日本代表チームの構成は将来の日本社会にモデルを提供するものでもある。

日本は国内外のムスリムなど異なる宗教文化を背負う人々との交流や、彼らを日本社会に有効に受け入れることによって国のさらなる発展を目指すことができるに違いない。滞日ムスリムたちの日本観は、日本には平和や、秩序、規律があり、日本人は道徳意識が高いなど総じて肯定的なものだが、イスラム系諸国からの難民の受け入れのあり方や国内ムスリムたちとの付き合いは今後の日本に課題を与えるものだ。

米国の初代大統領であったジョージ・ワシントンは側近であったテンチ・ティルグマンに宛てた文書で、「アジア、アフリカ、ヨーロッパの人間であれ、またイスラム教徒、ユダヤ教徒、クリスチャンであれ、よき労働者ならば雇用すべきである」と説いた。ワシントンは、ユダヤ人に宛てた書簡の中でも米国の自由と個人の生活を保障しながら「アブラハムの子どもたち」は米国では恐れることは何もないとも述べている。

一神教の「アブラハムの子どもたち」はユダヤ人を指すし、またイスラム教徒も含む言葉である。ジョージ・ワシントンなど米国の建国者たちは宗教による差別を否定し、また新しい国家である米国に息吹と活力を与えるために様々な宗教や人種の人材を活用することを考えていた。

現在世界人口の約四人に一人がムスリムでその約七割が東南アジアの人々であり、労働や観光などムスリムの日本へのインバウンドがますます盛んになるだろう。一九六四年の東京オリンピックの際には、アラブ・イスラム諸国の参加は一〇カ国にも満たなかったが、二〇二一年はそれよりずっと多い五〇カ国以上のイスラム系諸国の選手たちがやって来た。イスラム世界では総じてイスラム復興の潮流が顕著で、参加する選手たちもハラール（イスラムで許容されたもの）食を意識する人たちが多かった。

ビザの要件の緩和やＬＣＣ（格安航空会社）の普及で日本を観光で訪れる東南アジアのムスリムたちの増加が見込まれ、ファーストフード・チェーンや食品業界には大きなビジネスチャンスともなっている。ムスリム観光客たちは、中国や韓国のように日本とのナショナリズムによる摩擦など政治的要因に左右されることなく、訪日を期待することができる。

本書では、世界の宗教人口の推移やその背景となった要因を明らかにするとともに、今後世界でムスリム人口がいかに増えていくかを予想する。ヒトラーのナチス政権、また欧米やイスラエルの極右が考えるような一国家は一民族によって成り立つという「国民国家（ネーション・ステート）」の考えから国内の「異分子」を完全に排除することなどは現代世界では不可能であり、異なる文化をもった人々を円滑に取り込まなくてはならないことを、人口統計などを紹介することによって明らかにする。

また、人口の動態変化にともなう宗教の相互作用がどのような学芸、文化を創り出したのか、あるいは政治的な衝突や対立を招いたのかを探り、さらに宗教人口の変化が今後どのように世界、あるいは日本に影響を及ぼしていくか、また日本の異文化との接触のあり方を考えたいと思う。

# 人口からみた宗教の世界史

目次

## Ⅱ

### イスラム人口はなぜ増加したか　48



## Ⅲ

### 中世・近世のヨーロッパ・キリスト教世界の人口動態　78

## Ⅳ

## V

## ヨーロッパ・ナショナリズムと宗教 142

## Ⅵ

## 宗教がせめぎ合うアメリカ大陸

# VII

# 増加する世界のムスリム人口

# VIII

# 現代世界の宗教人口の検討 248

# I

## 初期キリスト教の人口増加

宗教社会学研究のロドニー・スターク の著書『キリスト教とローマ帝国』（穐田信子訳、新教出版社）によれば、キリストが処刑された頃のキリスト教徒の人数は一二〇人ほどで、四〇年には一〇〇〇人ほど、四世紀にローマ帝国皇帝コンスタンティヌスがキリスト教を公認した当時のキリスト教徒の人口は、五〇〇万人から七五〇万人の間であったという。スタークは四世紀でこれほどの人口になるには増加率を十年で四〇％と見積もり、三五〇年にはローマ帝国の総人口の五六・五％がキリスト教徒だったと推定している。キリスト教人口が増加した背景にはローマ帝国がキリスト教を国教として採用したことが要因として大きい。

また、スタークはキリスト教が女性にとって魅力のある宗教であったのではないかと述べている。スタークによれば古代ギリシア世界などでは女性に対する差別が深刻で、ギリシア

**‖図表1‖ヨーロッパの超長期人工推移**

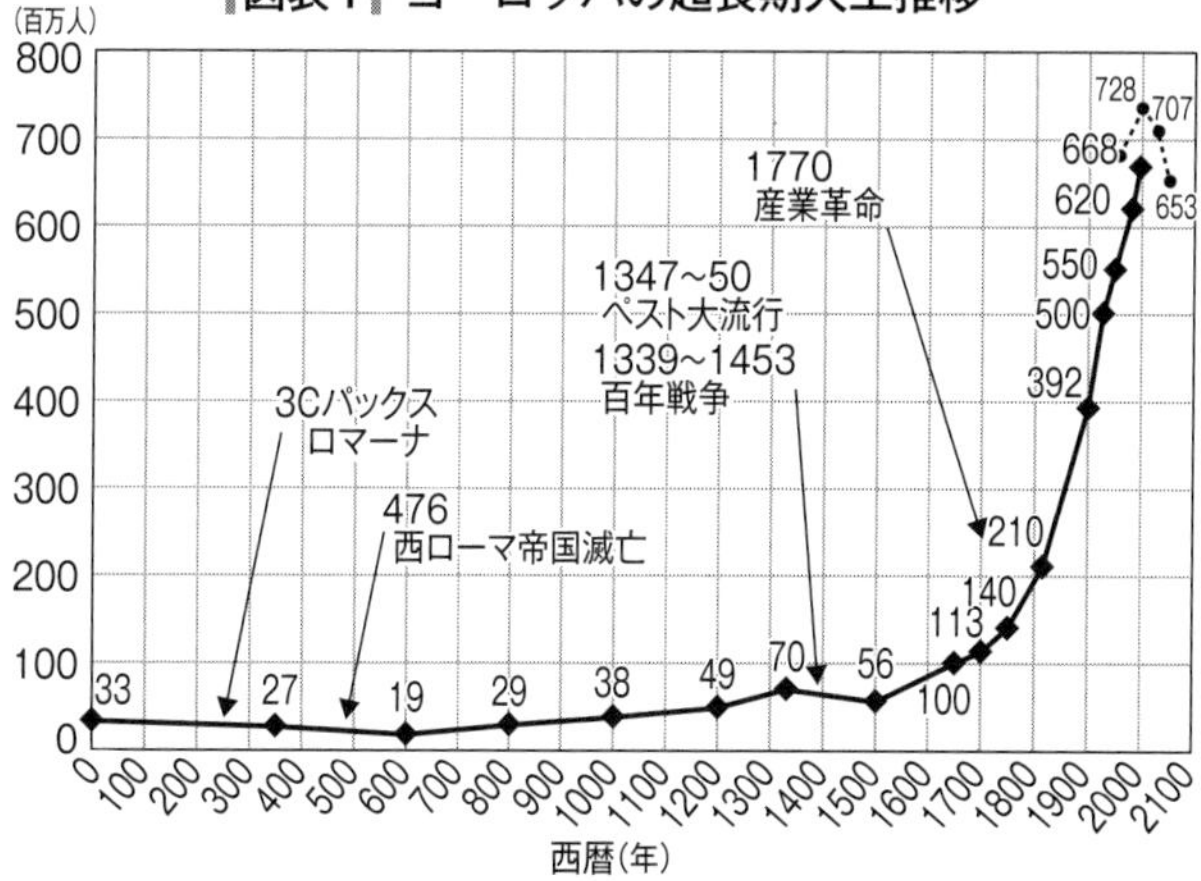


注：過去推移はウラル山脈以西の地域をヨーロッパとしている。点線は国連による将来推計人口(2004年改訂)
資料：T.G.ジョーダン『ヨーロッパ文化』(原著1988)、人口問題・社会保障研究所「人口統計資料集」2006年版

のアテネ社会では「間引き」が行われていたために、女性の数が少なく、男性は女性が気に入られなければ家事を取り上げるだけで離婚することができた。女性が夫以外から誘惑されたり、レイプされたりすれば、それだけでも離婚が可能だった。かりに女性のほうから離婚しようと思えば、女性の父親か、その他の男性が裁判所に訴訟をもち込み、訴訟手続きも男性によって行われた。古代ギリシアやローマ帝国の間引きの習慣によって、男性と女性の間に人口格差が生じることになり、ローマ市の人口は女性一〇〇人に対して男性一三一人、イタリア、小アジア、北アフリカまで広げて見れば、女性一〇〇人に対して男性一四〇人にまで拡大する。

古代ギリシアやローマにおいては大家族で

あっても女児が二人以上育てられることはめったになく、古代ギリシアのデルフォイの銘文に記録がある六〇〇世帯の家族構成では二人以上の女児を養育しているのは六世帯にすぎなかった。イスラエル南部にある港町アシュケロンの発掘調査では公衆浴場の排水管から一〇〇人分の新生児の遺骨が見つかっており、すべてが女児のものであると、専門家は分析している。

キリスト教は間引きを禁じ、男性は婚姻まで性的関係をもってはならなかったし、婚姻以外のセックスは認められることはなかった。ローマ帝国時代のギリシアの著名な医学者ガレノス（一二九頃〜二〇〇年頃）もキリスト教における同棲の抑制について語っていたほど、キリスト教では性における貞淑が重んじられていた。

ローマでは早婚が少なからず行われ、一一歳から一三歳までの間に行われるケースもあった。ローマでは記録に残る一八〇人のキリスト教徒女性で、一八歳以上で結婚した女性は四八%、一五歳から一七歳での結婚が三二%、一三歳から一四歳が一三%、一三歳未満は七%だった。それに対して非キリスト教徒一四五人の結婚年齢の内訳は、一八歳以上で結婚した女性が三七%、一五歳から一七歳は一九%、一三歳から一四歳が二四%、一三歳未満は二〇%だった。キリスト教は男女にあった性差別を改善する傾向にあったため、それも女性たちの好感を得られるものだったとスタークは説明する。

## エルサレムはユダヤの街ではなかった

　イスラエルが首都とするエルサレムはユダヤ人によって建設されたものではなく、紀元前三〇〇〇年から二六〇〇年の間に、カナン人によってつくられたと信じられている。セム系のカナン人はパレスチナ人やレバノン人、シリア人やヨルダン人の祖先である。ローマ帝国のイタリア人ですら六七七年間エルサレムを支配し、イラン人もアケメネス朝、またササン朝の下で二二〇年間統治を行っている。イスラム勢力は六三八年にエルサレムを征服し、一〇九九年に十字軍に奪われるまでその支配を継続した。一一八七年にムスリムのサラーフッディーン（サラディン）がエルサレムを奪還し、ユダヤ人の帰還を認め、イスラム統治は第一次世界大戦中の一九一七年にイギリス軍が占領するまで継続した。イスラムはおよそ一一九二年にわたってエルサレムを支配したが、それに対してユダヤ人が支配したのは四二四年間にすぎない。

　ユダヤ教は唯一絶対の神ヤハウェのみを信仰し、他の神を一切信じない一神教の宗教で、ユダヤ教を信仰するユダヤ人（他からはヘブライ人、自らはイスラエル人と呼称していた）たちは、ヤハウェから選ばれた民であるという「選民思想」をもち、律法（トーラー）を守ることによって神の救済があると考えた。トーラーとは、聖書（キリスト教でいう『旧約聖書』）

の主要部分である「モーセ五書」（創世記、出エジプト記、レビ記、民数記、申命記）をいうが、トーラーの内容は人間の生活の多くの面をカバーするものだ。

たとえば、男性が割礼を受けることを求め、食事を規制し（ユダヤ教に則った食事を「コーシャ」という）、人間と動物双方に休息日（安息日と祝祭日）、巡礼と生け贄《いにえ》を義務づける。宗教倫理に違反した後の贖罪を規定し、商売においては正しい計量を求め、ユダヤ人同胞と外国人双方への愛を説いた。イスラムと同様に偶像崇拝を禁じ、当初はエルサレムに一つの寺院をもつのみだった。

ユダヤ教の選民思想はモーセの十戒をよく守ることによって選民になれると考える。『旧約聖書』に描かれる「出エジプト」や「バビロン捕囚」などの民族的苦難から救世主（メシア）の出現を信じるようになり、エルサレムの神殿に属す祭司たちによって教団が形成された。

キリスト（紀元前七頃〜後三〇年？）が誕生した頃のパレスチナはローマ帝国に支配されていて、パレスチナがユダヤ人の土地でなくなる頃である。キリスト教の正典『新約聖書』「ガラテヤ人への手紙」第三章ではアブラハムの相続はキリストに対して行われたことになっている。

その時代、小アジア、シリア、パレスチナ、エジプトはローマ帝国に友好的な王、あるいはローマの軍隊によって支えられる総督たちが支配していた。ローマにとってパレスチナは、経済的に重要な領土であるエジプトとシリアに挟まれている土地という点で無視できない土地であった。ローマ帝国はエジプトとシリアには軍隊を置いていたが、パレスチナにはローマの軍隊を駐留させていなかった。パレスチナがローマに忠実で、安定した、平和な土地であることを望んでいた。その目的のために、ローマ元老院はユダヤの王としてヘロデ大王を認め、彼は現在のパレスチナに重なる土地を支配していた（在位：紀元前三七〜前四年）。

ヘロデ大王が紀元前四年に亡くなると、その領地は五つに分割され、ユダヤとサマリア（パレスチナ中央）、イドマエア（聖書ではイドマヤと呼ばれる。前四世紀頃エドム人が住み着いたパレスチナ南部海岸の地方。エドム人はアラブ系民族であったが、同じくアラブ系のナバティア人によって西に追われてこの地方に移住した）は、ヘロデ・アルケラオスに与えられた。アルケラオスは前四年、ローマ皇帝アウグストゥスから領地の保全を認められたが、王となることは許されないで領主とされた。その治世が残忍であったためにユダヤ、サマリアの住民たちが直訴して、六年にローマで裁判にかけられてガリア（ローマ時代の北イタリアからフランスに至る地域の呼称）に流刑となった。その後ユダヤはローマ帝国の属州となる。

アウグストゥスは、ユダヤ、サマリア、イドマエアを支配するために知事を派遣したが、このローマ貴族はおよそ三〇〇〇人のローマの軍隊によって支えられていた。兵士たちはイタリアではなく、近隣のカイサリアとサマリアから来ていた。イエス・キリストの時代、ローマ領ユダヤの第五代総督はポンティオ・ピラト（在任：二六～三六年）で、ピラトはユダヤ人に圧政を強いていたが、イエスの処刑については無罪を認めながら、ユダヤ人の圧力で十字架刑と定めた。

キリストが生活していた頃、エルサレムの人口は五万五〇〇〇人だったという推定もある。

ピラトは、ユダヤ、サマリア、イドマエアを支配する総督だったが、地中海に面したカイサリアに暮らし、エルサレムに来るのは安寧が維持されているかを確認するためだった。

## ユダヤ人たちのキリスト教への改宗

西暦一世紀、ローマ帝国には帝国の人口の一〇％余りである二〇〇万人から七〇〇万人のユダヤ人が住んでいたと推定されている。前五九七年から前五三八年にわたってバビロニア王ネブカドネザルがイスラエルのユダヤ人たちをバビロニアに捕らえた「バビロン捕囚」の頃、ユダヤ人人口は一五万人と見積もられている。捕囚は支配階級に属する者たちや職人などに対して行われ、彼らはユダヤ人社会の発展を支えていたので、それ以外の残されたユダヤの人々による社会は衰退を余儀なくされた。

**図表2　ローマ帝国におけるクリスチャンの割合**
**（ローマ帝国の人口＝6000万人）**

| 西暦（年） | クリスチャン（人） | 人口に占める割合 |
|---|---|---|
| 40 | 1,000 | 0.0017% |
| 100 | 7,500 | 0.07% |
| 200 | 218,000 | 0.36% |
| 300 | 6,300,000 | 10.5% |
| 350 | 34,000,000 | 56.5% |

From *Stark. The Rise of Christianity.* p. 7

ローマ帝国がキリスト教を国教として採用すると、同じ一神教の信仰をもつユダヤ教をキリスト教に対抗、競合する宗教と見なすようになり、ユダヤ教の信仰は支配者によって著しく抑圧、弾圧されるようになった。キリスト教会はユダヤ人たちをキリスト教に改宗させることに躍起となり、この傾向は数世紀にわたって継続した。

ローマ帝国の西部は、ユダヤ人の拠点とも言えるパレスチナから遠く離れているという地理的理由もあって、ユダヤ人の数は少なく、帝国西部の支配者となった東ゲルマンの一族であるゴート族はキリストの人性を主張するアリウス派キリスト教信徒であり、ローマ教会の影響下にはなかった。またイタリアに東ゴート王国（四九三～五五五年）を建設したテオドリック大王（四五四～五二六年）は、ユダヤ教は真実からの逸脱であるとしながらも、信仰を強制することはできないと主張した。さらに、教皇グレゴリウス一世（在位：五九〇～六〇四年）も同じ方針を踏襲した。それに対して、七世紀を通じてスペインのトレドで開催された一連の教会評議会でカトリック信仰（アタナシウス派）を採用していた西ゴート王国は、ユダヤ人に対してローマ教会への改宗や国外退去を命ずる措置を決定している。

## ローマ帝国のキリスト教国教化とユダヤ人の離散

コンスタンティヌス帝はキリスト教徒になると、ローマ帝国の官僚機構から異教徒を一掃し、キリスト教徒に置き換えた。彼は帝国全体がキリスト教国家になることを考えていたが、亡くなる前にベツレヘムを訪問し、キリストが生まれたとされるベツレヘムの馬小屋の跡地に彼の母のヘレナが聖降誕教会を建て、またエルサレムの「ゴルゴダの丘」の跡地とされる場所に聖墳墓教会を建立した。キリスト教の拡大に熱心であった彼の姿勢はユダヤ人からは好意的に見られることはなかった。ローマ帝国のキリスト教国教化の措置はキリスト教、ユダヤ教の対立をもたらすことになった。

パレスチナにあったユダヤ人のコミュニティも地下に潜伏していくことになった。コンスタンティヌス帝の息子コンスタンティヌス二世もキリスト教に改宗したが、彼の治世下でユダヤ教の寺院（シナゴーグ）の焼打ち、ユダヤ人学校の閉鎖、コーシャ食品、ユダヤ教の安息日の遵守など、ユダヤ教の宗教慣行が禁止されていくことになる。

ユダヤ教への宗教弾圧は、すでにキリスト教の国教化以前から継続的に行われており、ユダヤ人の抵抗や反乱を招くことになった。ローマ皇帝ハドリアヌス（在位：一一七～一三八年）はエルサレムのヤハウェ神殿をローマの神であるジュピター神殿に変えようとした。一三二年に始まる第二次ユダヤ戦争ではハドリアヌス帝によって弾圧された。第二次ユダヤ戦争の指導者となったのは、バル＝コクバ（星の子）という力と人格に優れたユダヤ人で、ローマ帝国がユダヤ教の割礼を禁止したことが反乱の動機とされている。この反乱は四年ほど継続したが、ハドリアヌス帝がブリテン島から呼び寄せたユリウス・セヴェルス将軍率いる装備に優れたローマ軍が反乱を鎮圧し、バル＝コクバも処刑された。この反乱によってユダヤ人たちはエルサレムに立ち入ることが禁じられ、地中海各地に離散（ディアスポラ）していくことになった。ユダヤ人たちは反乱によって殺害されたり、追放されたり、さらには奴隷として売られていった。イスラム支配以前のユダヤ人の人口構成については信頼できる数字はないとされている。

## ローマの国教としてキリスト教人口が増加

キリスト教徒人口が飛躍的に伸びるのは四世紀で、ローマ帝国は三一三年にミラノ勅令を出し、キリスト教を公認した。キリスト教を公認したのは、ローマ帝国のコンスタンティヌス帝だったが、三一二年、西の正帝の地位をめぐってマクセンティウスと戦っていたコンスタンティヌス帝は、伝承では夢のお告げに従って十字架を掲げて戦いに勝利してから、キリスト教を認めるようになった。

三一三年、西の正帝として、東の正帝リキニウスとミラノ（当時はメディオラヌム）で会談して、キリスト教を認めることで合意した。これによってキリスト教は合法的に信仰ができるようになった。ところが、東の正帝リキニウスはキリスト教弾圧に戻り、キリスト教は帝国の西半分でしか認められないこととなった。そこでリキニウスと対立したコンスタンティヌスは三二三年にクリソポリスの戦いで勝利し、三二五年頃リキニウスを処刑した。帝国は統一され、キリスト教は全ローマで公認され、帝国が保護する宗教となった。

当時のローマ帝国ではマニ教やミトラ教などの宗教も盛んで、伝統的な民間信仰である偶像崇拝や儀礼も残り、混乱が生じるようになった。ローマ帝国は複数（三人）の皇帝による統治に戻っていたが、テオドシウス帝は三八〇年、他の二人の皇帝グラティアヌス帝とウァレンティニアヌス帝との「三帝勅令」として、キリスト教を国教とした。翌三八一年の第一回コンスタンティノープル公会議で、「父と子と聖霊」は本質において同一であるというアタナシウス派の三位一体説を確認し、キリスト教の正統な宗教観として確立した。「三位一体説」とは「父（神）と子（イエス）と聖霊」は三つの位格をもつが本質的に一体であるというもので、父なる神と子なるイエスと聖霊とは各々完全に神であるが、三つの神があるのではなく、存在するのは一つの実体（スブスタンティア）、一つの神であるというのが「三位一体説」だった。

三九二年、テオドシウス帝はアタナシウス派キリスト教以外の宗教、伝統的なローマの神々、マニ教やミトラ教も禁止した。こうしてアタナシウス派キリスト教はローマの唯一の宗教、つまり国教とされた。キリスト教は人口の上でもヨーロッパで飛躍的に増加、拡大する契機を与えられることになった。スタークによれば、四〇〇年にはキリスト教人口は一億八二二二万五三八四人と、二億人近い信徒人口となり、ヨーロッパを席巻する宗教となった。

## 西ローマ帝国の滅亡

三九五年、テオドシウス帝の子である幼帝ホノリウスが帝位を継承し、東ローマ帝国と分離して西ローマ帝国は成立する。都はローマだったが、間もなくミラノに移っている。しかし、ゲルマン人の活動がこの帝国に弱体化をもたらすことになる。

幼帝を補佐するスティリコ将軍は、忠誠心と賢明さで有名なヴァンダル人（ゲルマン民族の一つ）であった。四〇三年、ゲルマン人の攻撃を受けやすいミラノを捨て、首都を東方の沼地に囲まれたラヴェンナに移した。彼はラダガイススやアラリック率いるゴート族の侵攻から西ローマ帝国を守ったが、帝位簒奪の疑いをかけられホノリウスによってラヴェンナで処刑された。四一〇年再びアラリックがローマに侵攻し、三日間にわたり掠奪にまかされるが、皇帝はラヴェンナにこもって抵抗を行わなかった。四七六年、西ローマ帝国はゲルマン人の傭兵隊長オドアケルによってロムルス・アウグストゥルス帝が廃位され滅びてしまう。

ローマ教会は西ローマ帝国が滅びた後、ビザンツ帝国の保護下にあったが、ビザンツ帝国はペルシア（イラン）のササン朝と抗争を続けていたため、西ヨーロッパになかなか関心が向かわずローマ教会は次第に衰退していった。ローマ人はゲルマン人を言語が異なり、古代ギリシア・ローマ文化に属さない野蛮人という侮蔑的意味を込めて「バルバロイ」と呼んでいた。

ゲルマン人の国である「フランク王国」は四八一年にフランク人のサリ族メロヴィング家のクローヴィスによって建国された。これがメロヴィング朝のフランク王国の創設である。

このメロヴィング朝のフランク王国は、他のゲルマン諸民族がアリウス派のキリスト教の信仰を受け入れたのに対して、四九六年にクローヴィスがアタナシウス派を信仰するようになると、ローマ＝カトリック教会と親密な関係になり勢力を伸長させていった。すでに述べた通りアタナシウス派は、イエスは神の子であり神性をもつと考え、イエスの神性を否定するアリウス派と対立していった。両派の対立が深刻になったので、三二五年にローマ帝国のコンスタンティヌス帝はニケーア公会議を開き、そこでイエスを神と同質と見るアタナシウス派がローマ教会の正統な教義とされた。後に神とイエスと、さらに聖霊に神性を認める考えが結びついて三位一体説が成立した。

クローヴィスがカトリック信仰をもち、フランク人たちが大量にそれに従うと、フランク民族の一体化が進んでいった。メロヴィング朝はライン川の東側にまでその勢力を伸ばし、八世紀にカロリング朝にとって代わられるまで存続した。メロヴィング朝はゲルマン人伝統の分割相続制を踏襲していたので、五五一年にクローヴィスが亡くなると、帝国は東北部のアウストラシア（中心都市メッス）、中西部のネウストリア（中心都市パリ）、東部のブルグント（中心都市オルレアン）の三つの分国となり、南部のアクイタニアは三分国の間で共同統治が行われるようになった。

一方、ユスティニアヌス帝時代の東ローマ帝国は、イタリア半島でゲルマン人の東ゴート王国を二〇年にわたる戦争の後に征服し、北アフリカでは五三三年にヴァンダル王国を滅ぼした。東ゴート王国はテオドリック大王の下でローマ人を重用し、ローマ文化を尊重してローマ人にはローマ法を、またゴート人にはゲルマン法を適用するなどローマ人とゴート人の宥和を図ったが、アリウス派の信仰を保持したために成功しなかった。

東ローマ帝国の地中海支配は長らく継続せず五六八年にはゲルマン人のランゴバルド族がイタリア中部・北部にランゴバルド王国（五六六〜七七四年）を建設した。ランゴバルド王国はローマ的行政を一掃し、部族法典であるロタリ王法典を六四三年に施行したが、六〇七年頃にカトリックに改宗している。カール大帝にラヴェンナ地方を奪われ、結局、七七四年にフランク王国に併合された。

ローマやゲルマン人によるキリスト教支配を脅かしたのは七世紀に成立したイスラム勢力で、ウマイヤ朝（六六一〜七五〇年）は東ローマ帝国の首都コンスタンティノープルを攻撃するようになり、北アフリカを西進して六九七年にカルタゴを征服、イベリア半島に迫り、七五六年には後ウマイヤ朝を建設する。

メロヴィング朝を継いだカロリング朝の王ピピン（小ピピン）はランゴバルドを撃退し、七五六年、ローマ周辺の土地を教皇に寄進した（ピピンの寄進）。ピピンの子のカール大帝（七四二〜八一四年、在位：七六八〜八一四年）は教皇と協力して西ローマ帝国を復活させた。

北海から地中海、エルベ川からピレネー山脈に至る現在の西ヨーロッパにほぼ重なるほどの版図を築き、八〇〇年のクリスマスに教皇レオ三世はローマで西ローマ帝国の帝冠をカール大帝に授け、西ローマ帝国が復活した。こうしてキリスト教は現在のドイツ北部、中部でも信仰されるようになった。カール大帝は七七四年にランゴバルド王国を滅ぼし、またイスラム勢力とも戦った。

カール大帝のイベリア半島進出は、後ウマイヤ朝のアブドゥル・ラフマーン一世によってエブロ峡谷（エブロ川が流れるイベリア半島北東部の地域）で阻止された。このカール大帝のスペイン遠征を題材にしてフランス文学最古の叙事詩である有名な『ローランの歌』がつくられた。カールの甥であるローランは、撤退する部隊の最後尾を務めていたが、後ウマイヤ朝軍によって包囲され、カール大帝から賜った剣で最後まで勇猛に戦い、援軍を求める角笛を吹きながら戦死した。『ローランの歌』は騎士道物語の代表的な例とされている。カール大帝によるフランク王国の進軍は七八五年のジローナ、また八〇一年のバルセロナで停止した。スペイン中部のアラゴン州の州都であるサラゴサは七一四年に後ウマイヤ朝のイスラム支配を受けるようになり、七七八年にカール大帝に一時包囲されたが、結局後ウマイヤ朝はその進出を阻んだ。

## カトリック信仰に熱心だった神聖ローマ帝国

「神聖ローマ帝国」は中世から十九世紀初頭に至るまでのドイツ国家の呼称で、起源は既述した八〇〇年のカール大帝の戴冠による西ローマ帝国の復活であるが、実質上は九六二年、ザクセン朝のオットー一世のローマでの戴冠と考えられている。神聖ローマ帝国皇帝は台頭する諸侯の力を抑えるために、皇帝に直属する教会・修道院を権力の支柱とした。

神聖ローマ帝国の最盛期の地理的範囲はイギリス、フランスを除く西ヨーロッパに広がり、ローマ教皇に対抗する世俗的政治権威の頂点となった。十六世紀にハプスブルク家が権力を掌握し、最盛期を迎えたため、ハプスブルク帝国とも呼ばれている。一一五七年に、フリードリヒ一世（一一二二～九〇年）が「皇帝の地位はローマ教皇よりも上位にあり、神から与えられた神聖な地位である」という意味から「神聖ローマ帝国」という名称を使うようになった。

神聖ローマ帝国の皇帝はローマで教皇によって帝冠を授けられるというのが帝国の慣習であったが、一五〇八年に即位したハプスブルク家のマクシミリアン一世はローマに行くことなく、自ら戴冠して、神聖ローマ帝国皇帝を名乗り、ハプスブルク家の繁栄の基礎をつくった。このマクシミリアン一世から神聖ローマ帝国の正式国号は「ドイツ国民の神聖ローマ帝国」となった。

一五一九年にマクシミリアン一世の孫カール五世（一五〇〇～五八年）がハプスブルク家出身の神聖ローマ帝国皇帝になったが、その直前の一五一六年に母がイスパニア（ローマ人が使用したイベリア半島の呼び名）王女であったため、カルロス一世と称するイスパニア国王となっていた。そのため、彼の治世の間にハプスブルク家の支配はイスパニアとドイツにまたがる広大な領土に及んだ。神聖ローマ帝国はドイツの領邦国家の集合体だが、カール五世はそれよりも広い、ナポリ王国、ネーデルラント、アメリカ大陸にも領地をもつようになり、「ハプスブルク帝国」とも呼ばれるほど大帝国の皇帝となった。

カール五世が生まれた頃のヨーロッパの人口は五六〇〇万人で（テリー・G・ジョーダン著『ヨーロッパ文化――その形成と空間構造』山本正三／石井英也訳、大明堂）、一四九二年にイベリア半島からムスリムとユダヤ人は追放されているので、その多くがカトリックの信仰をもっていたことは想像に難くない。カール五世はカトリックの信仰を守ったが、彼の治世は一五一七年に始まるルターの宗教改革の時代と重なっている。フランスのヴァロワ朝のフランソワ一世は北イタリア・スペインに侵入し、イタリア戦争が勃発した。さらに東からはスレイマン一世のオスマン帝国がバルカン半島に進出して一五二九年には第一次ウィーン包囲を行っている。

ローマ教皇が呼びかけた十字軍は、すでに述べたように、サラディンによってエルサレムを奪還され、また十三世紀初めの十字軍では、経済的目的からコンスタンティノープルを攻撃するなど、聖地回復という当初の目的から大きく逸脱していった。ローマ教皇の権威が失墜する中で、聖職者ではなく、イエスを通してのみ神を知るべきだという考えが生まれていった。イギリスのジョン・ウィクリフ（一三三〇年頃～八四年）やベーメン（ボヘミア）のフス（一三六九～一四一五年）は聖書を信仰の根本に据えるべきだと主張し、ローマ教皇の権威を否定するようになった。十六世紀には教会は犯した罪を償わなくてもよいとする免罪符（贖宥状《しょくゆうじょう》）を売ることで、教会の財政や聖職者たちの生活を支えるようになる。免罪符を買えば、現世の罪は許され、また亡くなった人のために購入すればその人は救われると喧伝した。

ローマのサン＝ピエトロ大聖堂の改修工事は教皇ユリウス二世（在位：一五〇三～一三年）の時に始まり、教皇レオ十世（メディチ家出身、在位：一五一三～二一年）が推進したが、ドイツの農民たちにとっては免罪符を買わされることが負担となり、搾取されているという思いが強まっていた。免罪符の売却にはドイツの高利貸しのフッガー家が関与していた。レオ十世はルネサンスの芸術の庇護者としても知られ、ラファエロやミケランジェロの活動を金銭的に支え、教皇の宮殿の増築にも莫大な費用を用いるなど湯水のように金を使った。

教皇らが贅沢な生活を享受し、免罪符から上がる利益が宗教目的以外にも用いられるようになると、カトリック教会の腐敗に疑問を感じたドイツの神学者のマルティン・ルター（一四八三〜一五四六年）は『九五カ条の論題』を出して教皇に異議を唱え、人は信仰のみによって神に救われると主張した。神聖ローマ帝国のカール五世はルターに自説の撤回を求めたが、ルターが拒否すると、皇帝と対立する諸侯などはルターを支持するようになる。ルターはヨーロッパで発達した印刷技術を駆使してドイツ語訳の聖書を出版し、信仰が聖書に基づくという自らの考えを実践していった。ルターの主張に従ってローマ・カトリック教会の権威から離脱していった信徒たちが、プロテスタントだ。プロテスタントはドイツやスウェーデンなど北欧に広がっていった。

さらにフランス出身のカルヴァン（一五〇九〜六四年）はプロテスタント迫害が強まったパリからスイスのバーゼルに逃れて、一五三六年に『キリスト教綱要』を著した。カルヴァンは人の救済はすべて神によってあらかじめ定められているとする予定説を主張し、現世の仕事に成功することが救いに選ばれた証《あかし》と信じた。彼のこの考えは利潤の追求や蓄財を認められたものと信じられるようになり、西ヨーロッパの商工業者たちに受け入れられ、資本主義社会形成の一つの背景になったという見方もある。

ドイツではカトリックとルター派の対立に一応の決着が見られ、カール五世の弟のフェルディナントは一五五五年にアウグスブルクで帝国議会を招集して、「アウグスブルクの和議」

を成立させた。その結果、プロテスタントの信仰は正式に認められ、プロテスタント、あるいはカトリックを選ぶかは、その領邦の諸侯と各都市の当局の一任とされ、住民はその決定に従うことになった。こうして一領邦一宗教の原則が成立した。住民に宗教選択の自由が与えられたわけではなく、領主に自由が与えられたのみということだった。

ドイツではルター派の信仰は認められたものの、カルヴァン派の信仰は認められず、カルヴァンはスイスのジュネーブに戻り大学を設立して宣教師の育成に努めるようになった。また、カトリックの側にも従来の教義の正しさを確認し、聖職者たちの風紀の乱れを正し、ローマ教会の布教に力を入れる「対抗宗教改革」と呼ばれる運動が現れた。それを推進したのがイグナティウス・ロヨラで、パリでイエズス会を結成し、新たな布教活動や教育事業に乗り出していく。日本にやって来たフランシスコ・ザビエルもイエズス会の設立者の一人だった。

## ヨーロッパ・キリスト教世界への軍事的脅威となったオスマン帝国

オスマン帝国は一四五三年にコンスタンティノープル（現在のイスタンブール）を陥落させ、ここを拠点にヨーロッパ制覇に乗り出していった。中央ヨーロッパでは、オスマン帝国はドナウ川を越え、一五〇四年にルーマニアを吸収し、ハンガリーは一五二九年にオスマン帝国の支配下に入った。

オスマン帝国のスレイマン一世（第一〇代スルタン、在位：一五二〇～六六年）は、ハンガリーに逃れてきたプロテスタントに保護を与えた。ハンガリーの現首相で極右のオルバン・ヴィクトル（一九六三年生まれ）をはじめ国民の一一・六％の人口がプロテスタントのカルヴァン派の信仰に属すのはオスマン帝国によるカルヴァン派に対する庇護が背景になっているに違いない。ちなみにオスマン帝国がカルヴァン派に保護を与えたのとは逆にオルバン首相はハンガリーが「混血の国になるのは望まない」などと発言し、イスラム移民の排斥を熱心に唱えている。

神聖ローマ帝国を震撼させた第一次ウィーン包囲では、オスマン帝国のスレイマン一世が率いる軍隊がおよそ二〇日間、ウィーンの攻略を図ったが、要塞を突破できず、また冬の到来のために撤退していった。しかし、この第一次ウィーン包囲によってオスマン帝国はハンガリーのほぼ全域の支配を実現し、神聖ローマ帝国のハプスブルク家側も帝国を守るためにプロテスタント勢力との妥協に動くなど、ヨーロッパ政治にも多大な影響を与えた。この第一次ウィーン包囲は、オスマン帝国の絨毯やトルコ・コーヒーがヨーロッパ世界に伝わる契機となった。

日本で放送されたテレビ・ドラマ「オスマン帝国外伝～愛と欲望のハレム～」は、オスマン帝国の最盛期であるスレイマン一世時代のハレムを描いたものだ。ハレムは本来イスラム世界の女性たちが起居する場所を表す言葉だった。スレイマン一世時代以降はトプカプ宮殿が女性たちの生活の場だった。オスマン帝国のスルタンたちは当初ビザンツ帝国の皇女やバルカン半島やアナトリアの封建領主たちの娘を娶《めと》ったが、これらの地域を併合するとカフカス（コーカサス）系の女奴隷たちを娶るようになった。オスマン帝国にとっては、支配していない地域との血縁関係は帝国の拡大にとっては重要な意味をもっていた。

ハレムの規模は十六世紀以降急速に拡大してその人数は一〇〇〇人以上を超えるようになり、奴隷商人によって買われた身であるものの、ハレムの女性たちは王家の行儀作法、料理、裁縫、読み書きや芸術を教えられるようになった。「オスマン帝国外伝」の主人公であるヒュッレム（ヨーロッパでは「ロクセラーナ」と呼ばれている。一五〇二／〇四～一五五八年）は、奴隷として買われたロシア人ともウクライナ人とも言われるが、オスマン帝国第一〇代スルタンで、帝国最大の版図を築いたスレイマン一世の皇后となった。十七世紀初頭以降は王子たちも地方知事として地方行政を学ぶ機会がなくなり、スルタンたちはハレムにいわば「幽閉」状態になり、「オスマン帝国外伝」で描かれるようにハレムは権謀術数の世界となっていった。ヒュッレムは篠原千絵による漫画『夢の雫、黄金の鳥籠』（小学館）の主人公でもある。

ヒュッレムの夫であるスレイマン一世の時代にオスマン帝国は最大の版図を獲得し、東はイラクから西はモロッコを含む北アフリカまで支配し、バルカン半島のたいていの部分を治めるようになった。東西世界を支配し、ハンガリーを含むバルカン半島まで勢力を伸ばしたオスマン帝国は、神聖ローマ帝国などヨーロッパ諸国にとって深刻な脅威と感ぜられたことは間違いない。

コーヒーショップは、ヨーロッパでルターの宗教改革が行われた頃の十六世紀半ばにオスマン帝国領内で広く見られ、コーヒーを飲む習慣はイエメンからシリアを通じてオスマン帝国に伝わった。さらにそれがヨーロッパに伝わったのは、一六八三年の第二次ウィーン包囲の時だった。敗走したオスマン軍の兵士が残していった麻布の袋からこげ茶色の豆が出てきたのが最初だったと言われている。この一六八三年のウィーン包囲では一〇万人のハンガリー人のクリスチャンがオスマン帝国側に立って戦い、ギリシア人、アルメニア人、スラブ人、トランシルヴァニアのプロテスタントたちも、カトリックであるハプスブルク家の貴族たちによる恣意的な課税に辟易とし、オスマン帝国軍に参加する者たちも少なくなかった。オスマン帝国にはイスラムの国としてのイメージが強いが、少なからぬクリスチャンたちも帝国の戦争には重要な役割を果たしていた。

オスマン帝国最初の首都ブルサは後にオスマン帝国の都市計画のモデルとなった。ウル・ジャーミィ（大モスク）を中心に市域が発展し、隊商宿、市場、学校、病院、浴場、水飲み場、食堂が大モスクを囲むように発展していった。これらの施設は誰でも利用でき、宗教的な慈善寄付（ワクフ）によって運営されていて、身分に分け隔てなく利用ができる施設であったという点ではオスマン帝国社会はヨーロッパ社会よりも平等な性格をもっていたと言える。この仕組みを、トルコ語でKülliye（キュッリエ）といって、「すべて」を意味するアラビア語の「kull（クッル）」から派生している。

公衆浴場であるハマムはやがて西ヨーロッパにも広まり、心身洗浄とリラクゼーションの方法をアレンジしたものが、ヴィクトリア時代に流行し、ハレムなどで使われていたソファもヨーロッパにもたらされて人気となった。

ヴェネツィア商人たちはヨーロッパのクリスチャンたちを聖地エルサレムに、また地中海のチュニス、ジェルバ島、アレクサンドリアからムスリムたちをメッカに航路で運ぶ巡礼の旅も提供していた。ヨーロッパの中東イスラム世界への関心は、十三世紀のヴェネツィア商人、マルコ・ポーロの『東方見聞録』などによっても高められていった。また、現在残るイタリア語の言葉「divano（ソファ）」「albicocca（アンズ）」「limone（レモン）」「zecca（ミント）」などの言葉はアラビア語起源であり、これらも商業を通じてイタリアに入るなどオスマン帝国はヨーロッパ・キリスト教世界に生活文化の上でも影響を与えるいわば先進社会だった。

スルタン親衛隊の常備歩兵軍団イェニチェリは、バルカン半島の被征服地でキリスト教徒の子弟を徴集してつくったオスマン帝国の精鋭部隊で、帝国の版図拡大に大いに貢献した。スルタンの戦争では常に中心にあり、オスマン帝国常備軍の精鋭であったのはクリスチャン出身の若者からなる皇帝直属のイェニチェリであった。

オスマン帝国軍の軍楽は、軍隊が進軍する際に演奏されるものだが、ヨーロッパにとって手強いイェニチェリのイメージとも重なった。勇壮な響きはオスマン帝国と対峙《たいじ》していたヨーロッパ諸国に強烈な印象を与えていたことは間違いなく、ヨーロッパではポーランドのアウグスト二世がオスマン帝国に倣って軍楽を採用した。

ヨーロッパ音楽の舞台で「トルコ風（アラ・トゥルカ）」が流行したのは、十八世紀終わりから十九世紀前半にかけての時代で、ハイドンの交響曲第一〇〇番「軍隊」（一七九四年）、ベートーヴェンの劇付随音楽「アテネの廃墟」の第四曲「トルコ行進曲」（一八一一〜一二年）、同じくベートーヴェンの交響曲第九番のテノール独唱「神の計画」（一八二四年）などはトルコの軍楽に影響を受けていた。

## ヨーロッパのキリスト教世界から嫌われたユダヤ人たち

ユダヤ人人口についてはジョセフ・ジェイコブズ著『ユダヤ百科』の「統計」に詳しいも

のがあるが、どこまで正確に伝えているか定かではない。ローマ帝国がキリスト教を国教とした四世紀にどれほどのユダヤ人が帝国を構成していたかは不明だが、そこには中世において追放されたユダヤ人の人数が具体的に描かれてある。一二九〇年に一万六〇〇〇人のユダヤ人がイングランドから、一三九六年に一〇万人がフランスから、一四九二年には二〇万人のユダヤ人がスペインから追放となっていて、十六世紀に入る頃、フランクフルト・アム・マインに二〇〇〇人、ヴォルムス（ドイツ西部のラインラント＝プファルツ州にある都市）に一四〇〇人、プラハに一万人、ウィーンに三〇〇〇人のユダヤ人が居住していた。『ユダヤ百科』は西暦一〇〇〇年から一五〇〇年の間に三八万人のユダヤ人が迫害によって殺害され、一五〇〇年時点の世界全体でユダヤ人の数を一〇〇万人と見積もっている。また、十六世紀、十七世紀のユダヤ人が居住していた中心地はポーランドとスペインを除く地中海諸国だったとされている。

ローマ帝国がキリスト教を国教として、それ以外の宗教を禁じてからユダヤ教徒が差別や迫害の対象となった。ユダヤ人たちはキリスト教が禁じる金貸し業にも従事し、その成功はキリスト教徒たちからのやっかみを買うことになった。

ユダヤ人たちは、二五〇年にパレスチナから追放され、一九四八年にイスラエル建国があるまで、ヨーロッパにおいて八〇回以上の追放を受けた。ユダヤ人たちは、イギリス、フランス、オーストリア、ドイツ、リトアニア、スペイン、ポルトガル、ボヘミア、モラヴィアから放逐された。

ユダヤ人たちがヨーロッパ社会で嫌われた理由には、一部が経済的に成功していたこと、また自ら「選民思想」を訴えたことが傲慢に見られたこと、またヨーロッパで困難なことが発生すると、容易にその責任がユダヤ人に転嫁され、さらにキリストを殺した民であると見られたことや、ヨーロッパ・キリスト教世界に人種主義的な発想があったことなどがあげられる。ユダヤ人たちの「選民思想」は、他者よりも優れているということになり、これが「鼻持ちならぬ」という感情をキリスト教徒たちにもたせることになった。

## オスマン帝国に迎えられたユダヤ人たち

トルコのユダヤ人の歴史は古代から始まり、紀元前四世紀からユダヤ人たちはエーゲ海地域に居住していた。紀元前二二〇年頃に建立されたシナゴーグがイズミールの近郊サルディス周辺で発見されている。ローマ帝国の著述家フラウィウス・ヨセフス（三七～一〇〇年頃）は、小アジアでユダヤ人に遭遇したことを記している。

ユダヤ人のコミュニティはアナトリア（現トルコ共和国のアジア側の部分）では成功を収め、一三二四年にオスマン帝国が最初の首都としたブルサを征服すると、オスマン帝国には一四二一年から五三年にかけてユダヤ人たちの大量の移住があった。ドイツ生まれのラビ（ユダヤ教の律法学者）、イツハク・サルファティは、後にオスマン帝国のエディルネでラビの最高指導者となるが、彼はヨーロッパのユダヤ人たちに「トルコには欠乏しているものはない。キリスト教徒の下で暮らすよりはムスリムの下で暮らすほうがよくはないか？」と呼びかけ、オスマン帝国の下でユダヤ人たちが繁栄や成功を追求できる可能性を示唆した。ビザンツ帝国で抑圧されていたユダヤ人たちにはメフメト二世（在位：一四四四～四六年、一四五一～八一年）によるコンスタンティノープル征服を歓迎するムードもあった。ユダヤ人たちは、ハンガリーとフランスから十四世紀に、シチリア島から十五世紀に、またサロニカからヴェネツィア支配を逃れてエディルネにやって来た。エディルネはユダヤ人たちが居住する中心の街となっていった。

オスマン帝国のユダヤ人たちは、ヨーロッパにあった反セム主義とは無縁で、自由に生活することができた。オスマン帝国では、ユダヤ人たちは独自の教育を受け、出版活動を行い、新聞を出すことも可能だった。

オスマン帝国へのユダヤ人たちの移民はメフメト二世、バヤズィト二世（在位：一四八一～一五一二年）の時代に大量に行われた。スペインのユダヤ人たちは、帝国の主要な都市に住み着き、エルサレムにおけるユダヤ人家族も一四八八年の七〇世帯から十六世紀初めには一五〇〇世帯に増えた。サロニカではスペインからのユダヤ人移住者の数が元々住んでいたユダヤ人の数を超えるようになった。十六世紀においてイスタンブールで金融業を営んでいたのは、ユダヤ人とギリシア人だったが、そのユダヤ人は主にイベリア半島からの移住者たちだった。

一四七七年までにイスタンブールのユダヤ人家族の数は一六四七世帯まで増え、全人口の一一%を構成していた。一四九三年にスペインから追放されたユダヤ人のサミュエル・イブン・ナフミアスは、ヘブライ語で印刷を行った。ユダヤ人は外交や文学の分野でも活躍した。

アジア、ヨーロッパ、アフリカにまたがるオスマン帝国の下で通商活動が活発に行われ、ここでもユダヤ人たちは活躍した。出身国の言語であるドイツ語、イタリア語、スペイン語、フランス語に習熟したユダヤ人たちは、アレクサンドリア、カイロ、バグダード、ダマスカス、バスラなどで貿易商を営み、サロニカ、アルジェ、イズミールはユダヤ人の貿易や産業の中心であり、ユダヤ人が貢献するオスマン帝国の通商は十六世紀に頂点に達した。オスマン帝国にとってはキリスト教のコミュニティよりも重要で、織物業などトルコ人が未発達の分野で、伝統的な技術を発揮し、帝国の発展に大いに貢献した。

# Ⅱ イスラム人口はなぜ増加したか

## イスラム生誕

イスラムの聖典である『クルアーン（コーラン）』は預言者ムハンマドが神（アッラー）から預かった言葉（啓示）を集めたものである。日本のホテルにはキリスト教の聖書が部屋に備えてある場合が多いが、『クルアーン』はムスリムが最も尊ぶ書物であり、中東イスラム諸国では『クルアーン』がホテルのすべての部屋に置かれている。『クルアーン』にもこの聖典に関する記述がある。

「これこそ疑う余地なき啓典である。これには畏れかしこむ人々のためのお導きがある」

（『クルアーン』第二章二節）

「もし多神教徒の中でだれかがおまえに保護を求めるならば、これを保護して神のみことばを聞かせ、その上で安全な場所に送り届けてやれ、これは、彼らがなにも知らない民だからである」

（『クルアーン』第九章六節）

イスラムの開祖ムハンマド・イブン・アブドゥッラーは、西暦五七〇年に生まれている。父親は、ムハンマドが生まれる以前に亡くなり、母のアーミナもムハンマドがわずか六歳の時に他界した。ムハンマドは、その青年期にメッカの隊商交易に従事していたが、メッカはインド洋と地中海の通商ルートの途上にあり、またアフリカから中東を通って中国、マレーシアに至る交易の中継地でもあった。ムハンマドは富裕な未亡人、ハディージャの隊商の執事となり、ムハンマドが二五歳、またハディージャが四〇歳の時に二人は結婚する。二人は仲睦まじい結婚生活を送り、二人の男子と四人の女子の子どもに恵まれた。娘のうちの一人、ファーティマは、後に第四代カリフ（ムハンマドの後継者）となり、またシーア派初代イマーム（シーア派教徒が認めるイスラム共同体の指導者）となるアリーと結婚している。

ムハンマドは、メッカ郊外のヒラー山の洞窟にこもって瞑想にふけるようになっていく。

この瞑想の中で、彼は自らの人生や社会の病弊などに考えをめぐらすようになる。そして、四〇歳の時に天使ガブリエルを介して神の啓示を初めて聞くことになったが、その最初の言葉は「誦《よ》め!」であった。ムハンマドは、その後二二年間（西暦六一〇～六三二年）、亡くなるまで神の啓示を伝え続けたが、彼が神から預かり人々に伝えた言葉をまとめたものが啓典『クルアーン』である。ムハンマドは、先述の『クルアーン』の章句にあるように、当時メッカで行われていた多神教の信仰を否定し、唯一神であるアッラーへの信仰を説いた。神の言葉である『クルアーン』を信ずることは、イスラムの宗教活動の根幹を成す行為の一つである。『クルアーン』の中では四つの啓典が預言者に伝えられたものとして言及されている。ムーサー（モーセ）に下された『タウラート（モーセ五書）』、ダーウード（ダビデ）に下された『ザブール（詩篇）』、イーサー（イエス）に下された『インジール（福音書）』、そして『クルアーン』の四つである。

ユダヤ教とキリスト教の啓典が含まれているように、キリスト教徒とユダヤ教徒は「啓典の民（アフル・アル・キターブ）」と呼ばれ、本来はムスリムと同じ信仰をもつとされている。イスラムでは、「啓典の民」は神と最後の審判の日を信じ、善行を積めば天国に行くことができると考えられているものの、『クルアーン』が神の言葉を最も正しく伝えていると考える。

イスラムの基本的行為は五行（あるいは五柱）とも呼ばれ、信仰告白（シャハーダ）、礼拝（サラート）、喜捨（ザカート）、断食（サウム）、巡礼（ハッジ）の五つの行為である。信仰告白は「アッラーの他に神はない（アラビア語でアシュハド・アン・ラー・イラーハ・イッラッラー）、ムハンマドはその使徒である（アラビア語でワ・アシュハド・アンナ・ムハンマダン・ラスールッラー）」というものであり、必ずアラビア語で唱える。イスラムで信仰する神（アッラー）は唯一であり、ムハンマドは神の言葉を預かった者ということを意識する。イスラムという宗教自体がアラビア半島で信仰されていた多神教を乗り越えることを目指した。ムハンマドは神の言葉を聞き、それを人々に伝えた「預言者」であるが、信仰告白のアラビア語はサウジアラビアの国旗などにも描かれ、そのデザイン化はムスリムの信仰心から共感や強い関心をもたれるものであるに違いない。

ムスリムは一日五回の礼拝が義務づけられているが、それぞれ「ファジュル（夜明け）」「ズフル（正午）」「アスル（午後）」「マグリブ（日没後）」「イシャー（夜）」と名づけられている。「ファジュル」の礼拝は夜空が明るく白み始めてから日の出前に行う。イスラム圏に行くと、早朝に礼拝への呼びかけがモスクのスピーカーなどから聞こえてくるが、日本人の中にはこれを「目覚まし時計」と形容する人がいるほどで、イスラム圏の朝の文化ともなっている。「ズフル」は南中（太陽が真南に来る状態）過ぎから「アスル」の礼拝までに行い、「アスル」は物の影が本体と同じになった時から日没までに行い、「マグリブ」は日没直後から「イシャー」までに、また「イシャー」は日没の残照が消えてから「ファジュル」までの間に行うと決められている。

イスラムが急速に拡大し、信徒人口を増やしていったのは、ビザンツ帝国などのキリスト教社会に浸透し、キリスト教からイスラムへの改宗を大量に促した要因が大きい。キリスト教の階級社会を乗り越え、住民たちに「公平」や「平等」を訴えると急速に魅力的な宗教と見なされていった。また、イスラムは「アブラハムの宗教」として同じ一神教のユダヤ教徒やクリスチャンたちに「啓典の民」として保護を与えることを約束し、人頭税（ジズヤ）と地租（ハラージュ）を収める限りは保護しなければならなかった。同じ地位は、ゾロアスター教徒、また仏教徒にも与えられていった。イスラム帝国はイスラム教徒からは喜捨（ザカート）やサダカ（自発的な喜捨）を徴収したが、それ以外の異教徒に対してはこうした税で税収のすそ野を広げ、安定した財政の基盤を築くことができた。

この異教徒への対応のように、イスラムでは本来その徳として寛容の心を説く。寛容もアラビア語では「カラム」といい、またその派生語の「カリーム（寛容者）」は神（アッラー）を言い表す場合にも用いられる。イスラムの聖典『クルアーン』では宗教に強制があってはならないと説き（第二章二五六節）。宗教的な寛容性はアラビア語で「タサームフ（相互寛容）」

という言葉で表され、異教徒に対しても寛容さが常に求められていった。

イスラムでは貧者、孤児、女性、奴隷など弱者に対する保護も重視された。奴隷制度は廃止されなかったものの、奴隷を解放することは徳のある行為と見なされていた。奴隷には法的保護が与えられ、租税の支払いなどを行えば、自由が与えられるとされた。奴隷の女性が主人の子どもを宿した場合、その主人が他界すれば、自由の身になるとされている。

## 急速に拡大したイスラム人口

米国サウスキャロライナ大学のフサイン・ケッタニの『*The World Muslim Population, History & Prospect*』によれば、ムスリム人口はイスラムが誕生した直後の七〇〇年には世界人口の三%、八〇〇年には一一%、一〇〇〇年には一三%、一七〇〇年には一六%、一八〇〇年には一三%とやや減少したものの、一九〇〇年には一四%、一九五〇年からは年毎に一%ずつ増加し、二〇二〇年には二五%となった。ケッタニは、ムスリム人口は二〇五〇年には二八%、二一〇〇年には三二%になるだろうと推測しているが、その予測では世界最多の信徒人口を抱える宗教となる。

ムハンマドがイスラムを創始してから、ムスリムの数は次第に増えていったが、彼らは既成の秩序の中で異端者として扱われることになった。宗教や社会の改革を唱えるイスラム

**図表3 イスラム教を信仰している国・イスラム教徒の人口**

| 順位 | 国 | イスラム教徒の数（人） | 国全体の人口（人） | イスラム教徒の割合 | 世界全体に占めるイスラム教徒の割合 |
|---|---|---|---|---|---|
| 1 | インドネシア | 229,000,000 | 276,361,783 | 87.20% | 12.70% |
| 2 | パキスタン | 200,400,000 | 225,199,937 | 96.50% | 11.10% |
| 3 | インド | 195,000,000 | 1,393,409,038 | 14.20% | 10.90% |
| 4 | バングラデシュ | 153,700,000 | 166,303,498 | 90.40% | 9.20% |
| 5 | ナイジェリア | 99,000,000 | 211,400,708 | 49.60% | 5.30% |
| 6 | エジプト | 87,500,000 | 104,258,327 | 92.35% | 4.90% |
| 7 | イラン | 82,500,000 | 85,028,759 | 99.40% | 4.60% |
| 8 | トルコ | 79,850,000 | 85,042,738 | 99.20% | 4.60% |
| 9 | アルジェリア | 41,240,913 | 44,616,624 | 99.00% | 2.70% |
| 10 | スーダン | 39,585,777 | 44,909,353 | 97.00% | 1.90% |

（2021年時点）

は、既得権益をもっていたメッカの為政者や特権階級にとって不都合なものであったに違いない。メッカ社会のイスラムに対する敵対意識や様々な差別に対してムスリムは暴力によって自らの主張を訴えたわけではない。ムハンマドやその支持者たちは、布教や説得などの手段を通じて次第に改宗者を増やしていった。ムハンマドとその支持者たちはメッカでの迫害を逃れて、メディナに移り、そこでイスラム共同体の構築を図る。このイスラム共同体で、ムスリム相互の、またムスリムと非ムスリム間の対立の解決や共同体がとるべき行為についての規則がつくられていく。

イスラムは、アブラハム、モーセ、ソロモン、洗礼者ヨハネ、キリストを継承する宗教で、その教義にはモーセの十戒の影響もあり、殺人、姦淫《かんいん》、窃盗を禁じている。イスラムの聖典『クルアーン』の中では、「平安（平和）〔アラビア語でサラーム〕」は重要なテーマである。「平安」とは、いうまでもなく戦いのない状態を表し、第五六章二五―二六節には「そこでは、無益な言葉や、罪作りな話も聞くことはない。ただ『平安あれ、平安あれ』と言う（のを耳にする）だけである」。

第二章一九〇節では「汝らに戦いを挑む者があれば、アッラーの道のために戦え。しかし侵略的であってはならぬ。まことにアッラーは、侵略者を愛でたまわぬ」と説かれる。この『クルアーン』の章句からも侵略によってイスラムの信仰が広まっていったというのが誤りであることがわかる。イスラム勢力の征服を受けた地域では、イスラムに改宗するか、人頭税や地租を払って自らの宗教を保持するか、それともこれらを拒絶して戦うかの三者択一であった。

日本のイスラム研究は、戦前から欧米のイスラムに対する誤解や偏見を乗り越えるものであった。著名な中国文学者の竹内好は、イスラムについて次のように語っている。

「このような人口を擁する東アジアの回教（イスラム）であるが、これを回教という宗教一色に塗りつぶして見ることは危険である。実際は決してそのような単純なものではない。（中略）回教は極めて寛容性に富んだ宗教であるから、信仰の根本に触れない限り行事にはさまざまな除外例を認めている。この寛容性が、逆に云えば布教の拡大に与って力あったわけである。こうした自然条件のほかにそれぞれの民族の固有の生活様式や、社会機構や、文化的伝統といったものが、回教を民族宗教化する上に槓杆《こうかん》（梃子の意味）となっている。回教は土着の民族文化に順応することによって、しっかり民族の心を把えたわけである」（一九六九年アジア経済研究所での「大川周明のアジア研究」と題する講演より）

（竹内好「東亜共栄圏と回教」、『竹内好全集　第十四巻』）

竹内が言うように、中国、東南アジア、サハラ以南へのイスラムの進出は主に商業を介した平和的性格をもつものだった。七世紀から八世紀にかけてのイスラム世界の拡大は武力を介してもいたが、クリスチャンやユダヤ教など異教徒の自治を認めつつ行われた過程でもあった。「剣かコーランか」という表現はイスラムを蔑む欧米の側の「オリエンタリズム」的な見方であり、「イスラムは世界のガン」だと発言した米トランプ政権のマイケル・フリン大統領補佐官のイスラムに対する見解もその延長にある。

竹内好がイスラム研究を始めたきっかけは、一九三九年に北京留学から帰国し、友人に勧められてトルコ研究の大久保幸次が創立した「回教圏研究所」の中国部門を担当したことによってであった。

戦後、竹内好は日本の戦中期のイスラム研究が軍部などの国策として行われたことは批判するようになったが、しかし日本にとっては未知であった文明を、西欧の理解を超えて解釈するようになった業績については評価を与えるようになり、イスラムを介しても第三世界のナショナリズムを理解する必要性を訴えるようになった。

## イスラム科学の発展

イラクのバグダードではアッバース朝時代、数学、天文学、物理、化学、医学などの分野で目覚ましい発展があった。その発展もイスラム教徒やキリスト教徒、インド人などコスモポリタン的な協調があって可能であった。バグダードの研究機関「バイト・アル・ヒクマ（知恵の館）」でもネストリウス派のクリスチャンであるフナイン・イブン・イスハーク（八〇九／一〇～七三年）が活躍している。彼は中世アラブにおいて世界最大の翻訳家として知られ、ギリシアの学問的遺産をアラブ世界に伝えるのに最も功績があったとされる。インド人のマンカはインド人医師のシャーナークの毒物に関する著作（『毒物書』）をサンスクリット語からアラビア語へ翻訳した。

「知恵の館」はアッバース朝第七代カリフのマアムーン（在位：八一三～八三三年）が設立した学術・科学の研究所でアッバース朝の学術研究の中心となった。アラブ人とペルシア人のハーフだったマアムーンは、中世バグダード科学の最大のパトロンだった人物で、彼の時代にバグダードが古代ギリシア学研究の中心となった。ヨーロッパが「暗黒の時代」の頃、アッバース朝というイスラム帝国はローマ帝国やアレクサンダー大王が支配した地域よりも広い版図を誇っていた。マアムーンは二七歳でカリフに即位したが、学芸に秀でた人物で、『クルアーン』を暗記し、詩を詠み、イスラム初期の歴史に通暁し、またアラビア語文法にも秀でていた。数学にも明るく、それを税制に役立てていた。

彼は、頭脳明晰で、クリスチャンやユダヤ教の学者たちとも、ソクラテスや、プラトン、アリストテレスなど、ギリシアの哲学者たちの思想について議論を行った。ありとあらゆる分野の学者たちを宮殿に招き、彼らの知識を吸収しようとした。マアムーンは、世界の書籍を収集するのにも熱心で、それをアラビア語に訳そうとする情熱をもっていた。

マアムーンはギリシアの学術・科学の研究と文献の収集、翻訳を活発に行ったため、バグダードの翻訳家はカリフの支援や保護を受けて、当初はクリスチャンたちが、続いてムスリムたちが精力的に活動した。バグダードにおいてヘレニズム文化の影響はペルシアの古都ジュンディシャープールのイラン・ギリシア的な学問業績の蓄積とも相まって科学的研究を大いに前進させた。数学、天文学、物理、化学、医学などの分野で目覚ましい発展があった。

「知恵の館」における天文学の研究は、惑星の運動予知や黄道傾斜の観測など宇宙に関するものだけでなく、地球の大きさの測定も行われていた。天動説で有名なコペルニクスも、アラビアの天文学を大いに参考にしていたとされている。

スペイン中部にあるカスティーリャ＝ラ・マンチャ州の州都トレドは、西ゴート王国の首都だったが、七一一年にウマイヤ朝のイスラム支配に入った。このイスラム支配下では、ムスリム、ユダヤ教徒、クリスチャンが共存し、ムスリムはバグダードの「知恵の館」から多数のアラビア語文献をこの街にもち込んだ。この街でもギリシア的な学問業績の蓄積とも相まって科学的研究が大いに発展し、一〇八五年にクリスチャンによる支配に置かれても、ムスリムやクリスチャン、ユダヤ教徒は共存して研究活動を行い、ヨーロッパ・ルネサンスの基礎を築いた。

イスラム・スペインが繁栄していたことは十世紀までに後ウマイヤ朝の首都コルドバの人口が五〇万人であったのに対して、パリが三万八〇〇〇人であったことからもうかがえる。当時の年代記によれば、コルドバには七〇〇のモスクと、七〇〇の図書館があり、また街灯がヨーロッパでは初めて灯されて、九〇〇の公衆浴場があるなど、まさに世界の先進都市だった。

## 人口増加に貢献した医学の発展

イスラム誕生以前のアラブの遊牧民たちは質素な生活を送り、またさほど栄養価の高いものを食べないことで病気にならないで済んでいた。イスラムの誕生間もない時期にエジプトのコプト教徒の支配者がエジプト人の医師を預言者ムハンマドに貢いだとされている。預言者ムハンマドは「私たちは空腹の時だけ食事を行い、食べる時は過度にならない」と語り、その医師をエジプトに送り返したと伝えられている。

イスラム世界では、医学はイスラムの誕生以前はそれほど進んでいなかった。アラブの遊牧民たちは定住することなく、砂漠に囲まれた環境の中で医学に関心をもつことはなかった。彼らはアラビア半島のメッカやメディナ、そしてタイーフなどの街に住んでいたが、外界との接触は隊商を介してのものに限られていた。隊商は、メッカから一年おきに北はシリア、また南はイエメンに移動していた。当時の医術は、植物、木の葉、動物の骨、香辛料、芳香などからつくる自然の生薬による治療だった。

しかし、七世紀にイスラムが成立すると、ウマイヤ朝（六六一〜七五〇年）やアッバース朝（七五〇〜一二五八年）の隆盛や繁栄の下で、支配者たちの学術的意欲が高まり、学芸を奨励したこともあって、古代ギリシアやローマ医学の研究が進んだ。さらにインドや中国の医学知識も移入され、またイスラム世界伝統の薬学研究も加わってイスラム世界独自の医学が発展することになった。イスラム世界の医学研究の知識は、十一世紀末にイタリアのサレルノ医学校での医学研究が隆盛を誇ると、アラブ・イスラム医学とキリスト教医学が融合するようになった。こうして蓄積された医学的業績がヨーロッパに伝わるようになり、ヨーロッパの人口増加にも貢献することになったのだ。ウマイヤ朝時代にギリシアのヘレニズム医学が研究され、ウマイヤ朝の王族もギリシア語の医学書や錬金術書のアラビア語への翻訳を命ずるようになった。

アラブ・イスラム医学は「ユナニ医学」と呼ばれたが、インドのアーユルヴェーダ、中国の中医学（漢方）とともに世界の三大伝統医学と呼ばれている。ユナニ医学は古代ギリシアから伝えられて、さらにエジプト医学やアーユルヴェーダの影響を受けながらペルシアで発展した。アラビア語で「ユナン」がギリシアを意味するように、「ユナニ医学」はアラビア医学が古代ギリシアから影響を受けていることを表している。

ユナニ医学はイスラム諸国で現在でも実際に行われている医学で、人間は四元素（火・空気・水・土）と、人間の四体液（粘液、血液、黄胆汁、黒胆汁）、四つの性質（熱・冷・湿・乾）のバランスによって健康が保たれていると考える。食生活や睡眠といった生活習慣や生活環境を病気の原因と考え、それらの改善により病気の予防を目指し、また自然治癒力を重視し、患者の抵抗力を回復させることが治療の基本とされている。ザクロ、ダマスクローズ、ゴボウ、ナツメヤシ（デーツ）、カンゾウ（甘草）、ケラ実の根、カミツレ、乳香などの地中海や中近東地域に産する生薬の他、センナ、クズクなど世界各地の生薬が用いられる。錬金術は卑金属を貴金属（特に黄金）に変成させる技術だけでなく、不老長寿の薬や万能薬を製造する技術のことも指した。

こうして医学が発達したウマイヤ朝の人口だが、「OER Services, World Civilization」によれば、その最盛期には全世界人口の二九％に相当する六二〇〇万人の人口を抱え、世界史においても五番目に大きな帝国だった。

九世紀にアッバース朝の首都であるバグダードは、医学の中心で、アラビア医学の伝統を発展させた。また、十世紀、十一世紀になると、イスラム世界各地で医学の研究がしきりに行われるようになる。十三世紀、十四世紀になると、現在のイラクのバグダードに代わってシリアが医療活動の中心となった。この時期、シリアでは多くの医療関連施設が建設され、イスラム世界の多くの医学者たちがこれらの医療機関に雇用されることを目指してシリアにやって来た。

アッバース朝のカリフたちは、ササン朝（ペルシア帝国）時代から医学研究の伝統があるイラン西部のジュンディシャープールからネストリウス派の医学者たちを首都バグダードに呼び寄せ、医学書の翻訳や、新たに医学書の執筆を行わせた。多くの翻訳はギリシア語から行われたものだったが、「知恵の館」のユハンナ・イブン・マーサワイフ（七七七～八五七年）はその中でも著名な人物だった。彼はジュンディシャープールの医師兼薬剤師の息子として生まれ、バグダードの病院長となり、四人のカリフの主治医となり、眼科、発熱、ハンセン病、頭痛、神経症、栄養学など多くの医学的テーマで論文を書いた。

マーサワイフに師事した医学者にフナイン・イブン・イスハークがいる。フナインは様々なギリシア語の医学書をシリア語に翻訳したが、彼自身の著作はアラビア語で書いた。フナインは、ネストリウス派キリスト教徒の翻訳者、学者、医師、科学者だった。哲学書やギリシア語、ペルシア語の古典的文書をアラビア語に翻訳した。九世紀に、ギリシア語からアラビア語とシリア語への翻訳活動の中心地であるバグダードで活動した。

アッバース朝時代にギリシアの哲学、数学、自然科学、医学に関する翻訳されていない古代ギリシア語の文献が大量にあり、このギリシア語文献を翻訳したのは、アラブの学者たちだけだった。ギリシアの学問研究の成果を拡大・発展させることに大きな関心が生まれる中で、フナインは主要な翻訳者となり、イスラム医学発展の基礎を築いた。彼は、アリストテレスの形而上学、また『旧約聖書』を含む一一六のギリシア語の古典をアラビア語とシリア語に訳した。さらに、ギリシアの医学者ガレノスの著作をアラビア語とシリア語に訳したことで大いに認められ、カリフのマアムーンに紹介された。

さらに重要なことは臨床経験によって医学の知識が積み重ねられていったことだ。九世紀の医学者のアブー・バクル・ラーズィー（ラテン名：ラーゼス、八六四〜九二五／九三五）はそうした医学者の一人だった。ラーズィーは、病気や治療の経験を重視して、従来継承されてきた医学的知識に批判を加えた。彼は、レイ（現在のイランの首都テヘランから南一〇キロメートルほどにある古都）やバグダードの病院長としての長い経験から医学的知識が十分備わっていた。ラーズィーの著書、『キターブ・フィ・アル・ジャダリー・ワル・ハスバ（天然痘とハシカについての書）』はこれら二つの病気の診断と治療に関するもので、その克服に役立った。ラーズィーは、小児病や糖尿病、枯草熱（花粉症）に関する優れた業績も残している。ラーズィーは二三巻にも上る包括的な医学書を著したが、それは理論的というよりも、ラーズィー自身の臨床経験に基づく病気や治療に関する医学全書のようなものだった。

イブン・スィーナー（九八〇〜一〇三七年）は、現在のウズベキスタンのブハラに生まれたイラン人の哲学者・医学者で大著『医学典範』を著わし、医学の概念、身体の個々の器官と病気、その治癒法や薬剤などについて解説した。これは十七世紀までヨーロッパで医学書として用いられた。

イスラム・スペインのナスル朝（一二三二〜一四九二年）の政治家であり、医師でもあったイブン・アルハティーブ（一三一三〜七四年）は、衣服やイアリングなど持ち物によって感染が発生することを見抜き、またイブン・ハーティマ（生没年不詳）は、体内に入る見えない生物が病気を引き起こすと考えた。

医学や薬学についてもイスラム世界は中世では先駆的な存在であり、我々日本人が現在恩恵を受ける西洋医学・薬学の発展に貢献した。

アッバース朝の首都バグダードの病院には医学校と図書館が併設されていた。当時は患者の世話をするだけのキリスト教世界とは違って、病院は患者の治癒を目指していた。九世紀、バクダードでは薬局も急速に増加するようになったが、前述した第五代カリフ・マアムーン、また第八代カリフのムウタスィム（在位：八三三〜四二年）の時代になると、薬局の営業には政府の許可が必要になるなど政府の管理がしっかり行われた。

中国の薬用植物中心の本草学に加えてイスラム世界では錬金術の応用から薬用鉱物や、また牧畜・遊牧文化から薬用動物の開拓が行われた。イブン・スィーナーやラーズィーも彼らの医学書の中に本草の章を設けて、化学的な解説を行った。たとえば、ラーズィーは鹿角（炭酸カルシウムを含む）を歯磨き剤に用いることを提唱している。

イスラムという宗教が創始されて以来、ムスリムはイスラム世界の繁栄を考え、大家族主義をとってきた。『クルアーン』では家族計画に関する記述はないが、しかしハディース（預言者ムハンマドの言行を記録したもの）の著作の中には避妊（アズル）について触れたものもある。その中でアズルは非難すべきこととされている。しかし、イスラムの法学派によっては、アズルは女性が許容する場合は認められる場合もある。イスラムの医学書では座薬、魔法など女性が用いる様々な避妊の手段が紹介されているものの、現在に至るまで避妊に積極的な取り組みがなかったこともイスラム世界の人口増加の要因となっている。

## 現在にまで生きるイスラム薬学

アッバース朝などイスラム世界が東西のスパイス（香辛料）交易を支配したことで、莫大な富と繁栄がもたらされることになり、その富は医学、科学、文学などイスラムの学問分野の発展を促す背景にもなった。

薬学の発展については、コルドバを中心にイスラム・スペインの「黄金時代」をもたらした後ウマイヤ朝のアブドゥル・ラフマーン三世（在位：九一二〜九六一年）が思い起こされる。首都のコルドバはヨーロッパでは最も大きく、文化的にも最先端で、「世界の輝き」とも形容される都市であった。

ローマのネロ皇帝時代にペダニウス・ディオスコリデスよって書かれた『薬物誌（マテリア・メディカ）』がアブドゥル・ラフマーン三世の命によって、コルドバでアラビア語に訳された。これは大麻とペパーミントを含む植物とハーブの薬効に関する実際的な研究で、ギリシアの医学者ガレノスが最も完全な本草書と形容するものだったが、この翻訳事業によって多くの医学者たちがこの書を利用することが可能になった。

アブドゥル・ラフマーン三世に仕えた医師にザフラーウィー（九三六〜一〇一三年：西洋ではアブルカシスの名で知られる）がいる。『解剖の書』を著わし、その内容は病人や負傷者の取り扱い、外科手術の道具に関する情報や、手術方法、心臓病に関する薬剤など実に多岐にわたっている。『解剖の書』もクレモナのジェラルドによって十二世紀にラテン語に訳されて、ヨーロッパ・ルネッサンス期の医学のテキストとなった。

コルドバは、スペインやヨーロッパの文明の中心となり、医学をはじめ多くの学校が創設された。また病院、天文台なども建設され、コルドバ大学は科学研究の中心となり、医学、薬学、化学、天文学、数学、植物学研究の学者たちがヨーロッパ各地から集まるようになった。

アブドゥル・ラフマーン三世の寛容な治世の下で、クリスチャンやユダヤ教徒のコミュニティも繁栄し、彼の名声は遠くにまで響き渡り、ドイツ・ザクセン朝のオットー一世やビザンツ帝国の使節がコルドバを訪れた。その時代、コルドバには三〇〇〇のモスクと一〇万以上の店舗や家屋があると記されるなど、統治期間が長いカリフとしてイスラム・スペインの繁栄をもたらした。

薬学の分野で特筆すべきはアンダルス（現在のアンダルシア）のマラガ出身のイブン・バイタール（一一九七～一二四八年）で、セビーリャで学んだ後に、東方に薬用植物の探索に出かけ、エジプト、パレスチナを含む広大な地域で植物、鉱物、動物から採れる薬品を蒐集して、それを主著である『薬事集成』に著わした。これは、アラビア語で本草学を扱った最大の書物とされ、一四〇〇種近くの薬をアルファベット順に解説した。彼はまたディオスコリデスの『薬物誌』の注釈も行った。

こうして蓄積されたイスラム医学をヨーロッパに紹介した人物にチュニジア生まれのコンスタンティヌス・アフリカヌス（一〇二〇～八七年）がいる。彼はアラビア語の医学・薬学書をラテン語に訳し、西欧思想にも多大な影響を与えた。彼は当時ヨーロッパでは最も整備されたイタリアの医学校（のちのサレルノ大学）で学び、モンテ・カッシーノ修道院で三七冊のアラビア語の医学書をラテン語に翻訳した。彼の研究成果はヨーロッパに瞬く間に広がり、十六世紀までヨーロッパ医学の教材とされた。

ところで、正露丸の製造・販売を行っている大幸薬品のホームページを見ると、正露丸が「忠勇征露丸（忠勇は忠義が強くて勇敢なこと、征露はロシアを征服するということで、丸は薬の形状を表す）」という名称で製造されたのは、やはり一九〇二年の日露戦争開始直前だったようだ。それから一九四一年四月に日ソ不可侵条約が成立しても「征露丸」という名称に変わりなく、ようやく戦後の一九四九年に「忠勇征露丸」から「中島正露丸」に変更された。

同社のページによれば、正露丸の主原料となる木クレオソートは古代エジプトでミイラの保存用として用いられていた。エジプトの木クレオソートがフィレンツェのメディチ家にもたらされたのは、フィレンツェとエジプトのマムルーク朝との交易であったことは想像に難くない。

イスラム世界でも木クレオソートは医薬用として広く用いられていたことが記されている。フィレンツェのイタリア・ルネサンスにはギリシアやアラブの学芸が薬品など医学分野だけでなく、イスラム世界の装飾品、哲学、数学などが地中海の通商などを通じて移入されていた。そうした両者の交流はイタリア絵画にアラビア文字が記されていることからもうかがえる。

## 東西文明を結びつけたイスラム商業によってムスリム人口が増加

中世のアラブ・ムスリム商人たちは、アフリカ・サハラ砂漠南方にまで到達して金《きん》などの取引を行ったが、後のヨーロッパ帝国主義のアフリカ分割とは異なって、経済利権によってアフリカを分断・支配するような発想はなかった。イスラムがアフリカで普及するのもこうした商業活動を通じてであり、イスラムの商業倫理は「サハラ交易」と呼ばれるラクダを荷役の中心とする交易を容易にしていった。

サハラ交易の拠点となったアフリカの諸都市は、ユーラシアにまで至る金の輸出を担う中核となり、金の産出と交易で繁栄したマリ帝国第九代マンサ・ムーサ一世（在位：一三一二～一三三七年）は、一三二四年にメッカ巡礼を行った際に、一〇トンにも及ぶ金をラクダで運び、メッカやメディナなどイスラムの聖地に寄進を行った。アフリカの金はムスリム商人によってヨーロッパにもたらされ、金貨として流通するようになった。

また、ムスリムがイベリア半島を支配するようになると、地中海を股にかける交易が活発となった。十字軍によって、東方の物品や奢侈品がヨーロッパに流入することになり、ジェノヴァやヴェネツィアなどの都市国家が地中海交易に乗り出し、イスラム地域との商業活動によって多くの利益を上げるようになったが、ヨーロッパの商業活動は十字軍が始まる十一世紀以前はムスリム商人の活動とは比較のしようがないほど小規模なものだった。

ムスリムが支配したアンダルスは、東方イスラム世界とヨーロッパの交易拠点となり、アンダルスの商人たちはビザンツ帝国のコンスタンティノープルにまで船で出かけていった。アンダルス、シチリア島、チュニジア、エジプトを結ぶ経済圏がつくられ、中国やインドの物品は彼らを通じてヨーロッパにもたらされた。北アフリカの地中海沿岸には、アンダルス商人たちの貿易港があったが、そこからさらに陸の通商路が広がっていった。ヨーロッパの貴族層は、ムスリムがもたらす絹、綿、象牙、紙や香料を買い入れ、またヨーロッパはアラブ・ムスリムによって洗練された航海術を学び、彼らが発展させたアストロラーブ（測量・計算器械、天体観測器）の使用によってコロンブスの「アメリカ大陸の発見」などの大航海も可能になった。二〇一六年十一月にスウェーデンで中世アラブ世界の硬貨が発見されたことは、ムスリム商人の活動範囲がいかに広かったかをうかがわせるものだった。

ムスリム商人の陸路の交易も為政者たちによって保護され、一定の間隔に隊商宿（キャラバンサライ）が設けられ、隊商の休息や交易の場として用いられた。隊商宿は商人たちが体を休めたり、水を求めたりする場所で、また砂嵐や略奪者から身を守るためのところでもあった。トルコやイランに隊商宿が多いのは、これらの国が東西交易の中心に位置していたことを示している。

ムスリム商業は厳格な国家という垣根がなかった時代に、東西の文化や文明を結びつけ、世界史の発展に貢献する貴重で、重要な媒体ともなっていた。

なかでもスパイスは、それを取り扱う商人にとっては理想的な商品だった。軽量で、かさ張らず、需要が高く、調達先が限られ、「スパイス（香辛料）諸島」と形容される現在のインドネシア・モルッカ諸島で主に採れた。スパイスの交易はユーラシア大陸の東から西まで文明や宗教世界を結びながら行われ、その中ではムスリムとクリスチャンの協力があった。中世世界においてスパイス交易の中心を担ったのはアラブなどムスリム商人たちで、アラブ商人たちはインドからペルシア湾、紅海を通ってエジプトのアレクサンドリアまで輸送した。

ムスリム商人たちは、航海術の発達、ダウ船の普及、モンスーンと海流などの要素を背景にインド洋の交易を独占し、スパイスは多くの利益を彼らにもたらした。季節風であるモンスーンは、アラビア語の「季節（マウスィム）」に由来する。それほど海路でダウ船によって移動するアラブの商人にとって季節風は重要な要素であった。夏のモンスーンは西から東に吹き、アラブ商人たちは夏季の航海期（四月～五月、八月下旬～九月上旬）には南アラビア、ペルシア湾からインド西海岸や東南アジアに移動していった。

スパイスはヨーロッパや中東イスラム世界で人気や需要があった。スパイスが紹介されたことで、ヨーロッパでは調理方法が工夫されるようになった。ヨーロッパで特に人気のあったスパイスは、シナモン、黒胡椒、ジンジャー、サフランで、ヨーロッパでは三〇〇近いスパイスが流通していたと見られている。長い旅程を経てヨーロッパにやって来たスパイスは、乾燥されて長持ちするように工夫されていたが、中世ヨーロッパでは大変高額だった。

現在でもサフランのように高額なスパイスもあり、今もサフランは一グラム七〇〇円以上する。ヨーロッパでは十世紀から十五世紀にかけてヴェネツィアがスパイスの流通に中心的役割を果たすことで、その経済的繁栄を現出した。

オスマン帝国の第七代スルタンのメフメト二世は、二一歳の時である一四五三年にビザンツ帝国のコンスタンティノープルを占領し、コンスタンティノープルを「イスタンブール（「イス・ティン・ポリン（町へ）」というギリシア語の表現に由来）」に改称し、帝国の首都としての機能を整備していった。イスタンブールは、地理的にはヨーロッパ、アフリカ、アジアが交差するところに位置し、国際商業の中心となっていったが、スパイスは、やはりイスタンブールで盛んに取引された。オスマン帝国のイスタンブール支配によってスパイスなど東西交易はさらに活発になった。一四八〇年頃のイスタンブールの人口は六万人から七万人だったと見られている。

ローマ教皇は、イスタンブールをムスリムから奪還する十字軍を呼びかけたが、キリスト教国家はこれに応ずることができず、ヨーロッパ諸国は東方に達する新たなルートを開拓せざるをえなかった。これがコロンブスやマゼラン、フランシス・ドレイクなどの大航海時代が始まる背景の一つともなった。また、繁栄したイスラム商業は、東南アジアの例のように、ムスリム商人に接触することによってイスラムの普及に大いに貢献することになった。

イスラムの商業活動が拡大するにつれて、イスラムに魅力を感ずる人々もまた増加していった。東西世界にまたがるイスラム商業が繁栄を続けるのはヨーロッパ・キリスト教世界が大航海の時代に、イスラム世界を海路で迂回するようになるまで続いた。

## アラブの人口増加をもたらした農業革命（八―十三世紀）

アラブ人たちは多くのヘレニズムの技術を継承した。平衡の法則の数学的研究、重力の概念、流体静力学の研究から物質を揚げたり、物を動かしたりすることを考案するようになる。この分野でアラブ・ムスリムが多大な影響を受けたのはアルキメデスだった。アラブ世界では、統計学が発達し、実際的な用途をもつ機械類も発展した。水を汲み上げる機械、水時計、噴水などが発明された。

実際的な目的に最もかなった技術は灌漑に関するもので、砂漠気候の中で農地を拡大する必要があった。灌漑システムは古代からの灌漑技術を引き継ぐもので、すでにウマイヤ朝やアッバース朝によって着手された。多くの大規模な灌漑プロジェクトが行われ、新しい都市部の造成や古い地区の拡大のためにも水は欠くことができなかった。灌漑の中には川の流れを変えたり、コントロールしたりするものもあり、水を汲み上げる機械や、灌漑や水の供給のために、運河やカナートという縦穴式の井戸も掘られた。十世紀のアラブ史家は、一万人の労働者たちが灌漑設備の建設のために使役されていたことを伝えている。運河の開削技術は灌漑とも結びついて発展した。

カナートは山麓部に掘った井戸にたまった水を、長い水道で運ぶ横井戸のことだ。特にイランではカナートによる灌漑が盛んで、その数は現在三万本とも五万本ともいわれている。カナートはイランや北アフリカで頻繁に用いられた。近代に至るまでイランで用いられる水の七〇％はカナートによるものと推定されている。イランのカナートの総延長は、一〇〇万キロにも達するともいわれる。

また、ダムも水の流れを変えるために建設され、水車を稼働させるためにも用いられた。大きな水車であるノリアは、アンダルスやシリアで盛んにつくられた。また、動物を動力とする水車も生まれた。イスラム世界の機械類についての説明や記述は、発明家アル・ジャザリー（一一三六〜一二〇六年）の本の中に詳しい。また、十六世紀の機械技術者だったタキー・アル・ディーン（一五二六〜一五八五年）もまた六つのシリンダーがあるポンプの製造方法を考案し、ヨーロッパの機械技術に大きな影響を与えた。

オレンジやオリーブの生産など新しい農産品や農業技術の世界的な拡散にはイスラム・スペイン（アンダルス）の貢献が大きい。これは「ムスリムの農業革命」とも呼ばれて、収入や人口の増加、都市の発展、人類の衣料品や食事のあり方などに大きな変化をもたらした。

一四九三年から一六〇〇年の間、スペインから「新大陸」への移民の四〇%はスペイン南部のアンダルスからで、ムスリムがもたらした農業技術はこうした移民によってアメリカ大陸に移入された。最も重要な作物は砂糖と綿で、中世やルネサンス期に世界の重要な商品となった。他方で、ヨーロッパでの砂糖、コーヒー、染料、綿の著しい需要の増大は、奴隷の使役の必要性も高めるものだった。

コーヒーの集団栽培は一一〇〇年頃、紅海沿いのアラビア半島で始まったと見られているが、八五〇年頃にエチオピア高原での栽培が最初だったという説もある。イラン人の医学者イブン・スィーナーはコーヒーを医療に用いたが、十三世紀までにアラブ人たちはコーヒーを焙煎し、飲料や医療用に使うようになった。十五世紀になると、イエメンで大規模なコーヒー栽培が始まり、それがアラビア半島やオスマン帝国領に広まっていった。コーヒーショップ（カフェ）は一四七五年にオスマン帝国のイスタンブールで最初に開店したが、ヨーロッパに輸出されるコーヒーによって、エジプトのアレクサンドリアなどの港湾都市は経済的に大いに潤うことになった。

柑橘類は東南アジアやインドで生産が始まり、また中国でも現在のようなミカンやレモン、ライムが昆虫などの受粉によって、発達していったと見られている。中世においてはアラブ商人がレモンやライム、オレンジなどの柑橘類が希少であったヨーロッパにこれらをもたらした。大航海時代、長い航海の間に発生する壊血病にビタミンCが役立つことがわかると、柑橘類の商品価値は高まることになった。

綿の原産地はインド、あるいはエジプトと考えられているが、イスラム生誕以前はインド洋交易で中国や東アフリカにもたらされた。ムスリムはより強力で、収穫も多い綿の開発に成功し、その栽培方法は貿易業者によって広められて、イスラム世界の経済成長をもたらし、多くの種類の織物を生むことになった。この品種の綿が新大陸で発見された綿に接ぎ木されると、より長い繊維の綿をもたらし、ヨーロッパの植民地主義と米国の経済成長を支える商品作物となった。綿の栽培とともに、藍の染料もインドで生まれたものがペルシア、エジプト、モロッコからヨーロッパに紹介された。

サトウキビは、インドからペルシアに伝わり、ペルシアがアラブに敗れたニハーヴァンドの戦い（六四二年）の直後にアラブに導入され、アラブからスペイン、シチリア、ヨーロッパに広まっていった。サトウキビの栽培には大規模な灌漑システムが必要となるが、地中海地域のムスリム支配者の下で広範囲な栽培が行われるようになった。コロンブスは第二回のアメリカ大陸への航海の時に、西インド諸島にサトウキビをもたらし、そこでサトウキビ栽培は盛んになった。

# Ⅲ 中世・近世のヨーロッパ・キリスト教世界の人口動態

いわゆる「ヨーロッパ暗黒時代」は、時代的にはローマ帝国の崩壊からルネサンスの開花までのヨーロッパ中世の文化、経済、人口動態で停滞した時期を指している。「暗黒時代」などなかったという主張もあるが、客観的に見ても、当時はヨーロッパ・キリスト教世界よりもイスラム世界のほうが先進的な文化・文明を享受していた。イスラム世界は前章で述べたように、為政者による学芸を保護・奨励する姿勢によってギリシア、ローマなどの古典文献の翻訳作業などから医学や薬学など独自の科学を発展させた。

対してヨーロッパでは精神が宗教に束縛されて自由な学術研究が十分に発展することがないままであった。そのため、ヨーロッパの研究者、学僧などはスペインのコルドバ、トレド、シチリア島のパレルモなど、イスラム王朝の庇護の下、ギリシア、ラテン語の古典の翻訳や研究が活発で、その蓄積の上に様々な学術や科学を発展させたイスラム世界の諸都市を訪れ、それらの吸収に躍起となっていく。それがヨーロッパではルネサンスとして花開くことになった。「暗黒時代」とは実はキリスト教世界が一生懸命にイスラム世界の学術・文化遺産を摂取し、ルネサンスへの準備段階としていた時期とも言えるだろう。

シチリア島では神聖ローマ皇帝たちが多くの学術の業績を残し科学を発展させた。同様にスペインのイスラム王朝を引き継いだキリスト教の王たちの中にも翻訳研究所を設立したり、アラビア語に訳されたギリシアやローマの古典をラテン語に訳すことを命じたりした王たちも現れた。ヨーロッパのルネサンスへの展望はキリスト教世界とイスラム、ユダヤ教の共存によって可能だった。ヨーロッパの学者たちはコルドバやトレドにやって来てアラビア語文献を翻訳して、ヨーロッパ本国にもち帰るようになる。

ルネサンスをもたらした地理的経路は大きく分けて二つあり、一つはイスラム・スペイン(アンダルス)、そしてもう一つが、地中海のシチリア島だった。本章では、ルネサンス成立の背景を提供することになったイスラムとキリスト教、ユダヤ教の共存していた時代の人口動態を探るとともに、いかに宗教間の交流がヨーロッパ文明に学術的・文化的刺激をもたらしたかを紹介したい。またペストなど疫病や小氷河期などの気候変動がヨーロッパ社会に与えた変化や変動にも触れてみたいと思う。

## 中世ヨーロッパの人口

中世ヨーロッパの人口は、一一〇〇年頃が六一〇〇万人ぐらい、それが一五〇〇年ぐらいまでには九〇〇〇万人にまで増加した。その背景には気候変動でヨーロッパの気温が上がり、より多くの農産物が生産できるようになったことがあり、また医療の発達で病気により容易に対応できるようになったこと、さらにこの時代には戦争も減り、暴力による死者の数も減少した。産業別の人口構成では農民が全体の八五%を占めていた。しかし、黒死病はヨーロッパの人口を三〇%から六〇%減少させることになり、その回復には二〇〇年を要することになった。

宗教的にはローマ帝国の崩壊以降、キリスト教、ユダヤ教、イスラムがヨーロッパの主要な宗教となった。キリスト教の王、貴族、兵士、騎士は、一〇九六年に始まる十字軍でエルサレムなどムスリムの都市を軍事的に攻撃し、大義の上ではキリスト教を擁護する戦争に従事し、それは二〇〇年継続した。

キリスト教はヨーロッパの王族、貴族、労働者層の多くによって信仰された。イギリスでキリスト教の信仰が始まったのは、ケントのエゼルベルト王（五五二？～六一六年、在位：五六〇～六一六年）が、五九七年にローマ教皇グレゴリウス一世が派遣したアウグスティヌスを受け入れ、カンタベリーの聖マーティン教会で布教することを許可したことがきっかけだった。エテルベルト王がフランク王族であるパリ王カリベルトの娘で、キリスト教の信仰をもっていたベルタと結婚していたことも、アウグスティヌスを受け入れた背景にあった。アウグスティヌスはエゼルベルト王をはじめ多くの人々を改宗させ、カンタベリー大聖堂を起こし、初代カンタベリー大司教となった。

カンタベリー大聖堂はその後十六世紀にヘンリー八世が離婚問題でローマ教会と決別し、国王を頂点とするイギリス国教会を設立すると、その総本山となっている。

イスラムの人口はスペイン、ポルトガル、さらにシチリア島など南欧で定着していき、十世紀までにイベリア半島の人口の半分がムスリムになったと推定されている。現在はカトリック人口が九〇％余りを占めるポルトガルでも、イスラム支配は五世紀にわたって継続した。

「ユダヤ人」とはユダヤ教を信仰する人々、つまりユダヤ教徒のことだが、ユダヤ人はパレスチナから追放されると離散状態でヨーロッパ域内では少数派、マイノリティでありながらも信仰を維持し、ヨーロッパに住み着いた。ヨーロッパ全体に広がるように定住していった。ユダヤ人の職業は多くが貿易商、商人、農民であった。オスマン帝国が支配した東欧バルカン半島ではムスリムたちはズィンミー（被保護民）として独自の共同体（ミッレト）を形成していた。

## キリスト教、イスラム、ユダヤ教が育んだ国際都市パレルモ

ヨーロッパではキリスト教とイスラムが対立していたばかりではない。

二〇一五年に「パレルモのアラブ・ノルマン様式の建造物群およびチェファル大聖堂、モンレアーレ大聖堂」が世界遺産登録されたが、世界遺産に認定された理由は、これらの建造物が異なる背景や宗教をもつ人々の実りある共存の成果を証明しているというものだった。その前年である二〇一四年にISがイラクとシリアに「カリフ国家」をつくり、ヨーロッパではムスリム移民排斥の潮流が高まっていた時期なので、この世界遺産認定はあらためて国際社会に文明間の宥和を訴えるものだった。

南イタリア・シチリア島の中心都市であるパレルモは、八三一年からイスラム勢力が進出し、八七八年にイスラム勢力に支配されるようになると、島の中心として発展するようになった。パレルモはレバノン人の祖先であるフェニキア人の植民市として生まれ、それからローマ、ゲルマン、ビザンツの支配を受けた。アラブの指導者たちは島の先住民たちに信仰の自由を保障した。アラブ支配は寛容なもので、ユダヤ人たちも経済的な繁栄を享受した。

アラブ人たちは農業と商業を発展させ、パレルモを地中海交易の中継地点として発達させた。特に絹はこの島の特産となり、スカーフ、衣服、絨毯などとともに、東方へ輸出され、

東方からは亜麻、染料、胡椒、陶器などが輸入された。パレルモは、ビザンツ帝国のコンスタンティノープル（人口六〇万人）、スペインのコルドバ（人口四五万人）に次ぐヨーロッパ第三の都市となり、三五万人ほどの人口を抱えていたと推定されている。

ムスリムたちは、農業・商業による繁栄をシチリア島にもたらし、またイスラム文化は安寧のシンボルともなった。それはシチリア島の地理的位置や、また豊かな土壌という自然条件によっても可能であり、特にレモンやオレンジといった柑橘類の栽培が盛んとなり、イスラム支配がローマ時代からのラティフンディウムと呼ばれる大地主制を廃し、小規模農家を多数つくったことも生産性を高めることになった。ムスリムがこの島の支配を目指したのも、アフリカとヨーロッパを結ぶ地点に位置するという地理的理由や、良好な土壌などの背景があったからだが、イスラム文化は伝統的にあったキリスト教、ユダヤ教文化を吸収し、融合してさらなる発展を遂げた。

シチリア島のイスラム支配はおよそ二〇〇年続いたが、一〇七二年、ノルマン朝の都となると、さらに諸文明の融合が進み、十二世紀ルネサンスの一つの中心地となった。現在、パレルモにはアラブ風の建築物が見られるが、それはアラブ人たちによるものではなく、イスラム文化の強い影響を受けたノルマン人たちによってつくられたものだ。

パレルモは、スペイン・トレドと並んでギリシア・ヘレニズム文化を、イスラム文化を介してヨーロッパに伝える中継地点ともなり、アラビア語・ギリシア語文献の翻訳活動が盛んに行われ、十二世紀ルネサンスの誕生に大きく貢献した。十二世紀にパレルモのルッジェーロ二世の宮廷に仕えた地理学者のイドリースィー（一一〇〇？～六五年？）は、『世界横断を望む者の慰みの書』を一一五四年に完成させ、イスラム世界だけでなく、西欧の地理学にも大きな影響を与えた。イドリースィーの著書は、直径二メートルの純銀の円盤の上に描かれた世界地図の解説書で、彼はヨーロッパに先駆けて世界地図を作製していた。

パレルモは現在でも移民の街で、主にムスリムからなる二万五〇〇〇人の移民たちがバングラデシュなどから移住している。元々モスクだったサン・ジョヴァンニ・デッリ・エレミティ教会にはミフラーブ（メッカの方角を示すくぼみ）が残り、ノルマン人たちもイスラムの痕跡を破壊せず、キリスト教信仰に役立てた。現在のムスリム移民たちも、パレルモのイスラム、キリスト教、ユダヤ教の共存の歴史から疎外された意識をもつことが希薄とされる。

一一三〇年、シチリア伯ルッジェーロ二世（ルッジェーロ一世の子）がシチリア王位に就き、シチリア島とイタリア半島南部を統治するノルマン・シチリア王国（オートヴィル朝）が成立する。ルッジェーロ二世は父親の代にノルマンディーから南イタリアに進出した。ムスリムが人口の多数で、ビザンツ・ギリシアの影響を残す都市パレルモを首都とし、イスラムとビザンツ・ギリシア文化を融合させた。シチリア島の彼の家臣たちのほとんどはムスリムで、寛容が彼の支配の基本だった。ルッジェーロ二世は一一四七年の第二回十字軍には参加することはなかった。というのも、母親がエルサレム王国のボードゥアン一世（初代王）と再婚すると、エルサレムのフランク人支配を嫌い、エルサレムへの関心を失っていた。

地中海の歴史を研究するデイヴィド・アブラフィアは、ルッジェーロ二世時代のシチリア島の人口を、ムスリム五五％、クリスチャン四〇％、ユダヤ人五％と見積もっており、シチリア島は人口の上でも宗教が共存する社会だった。

ルッジェーロ二世は学問や芸術に対する理解があって、その奨励を大いに図った。イスラムなど様々な文化圏の医師や占星術師、学者を宮廷に集め、その研究の発展を支援した。当時のシチリアではイスラムのアラブ人、ギリシア正教のギリシア人、カトリックのラテン系の人々が居住し、パレルモの宮廷にはそれぞれ二名ずつ計六名の書記官が王に仕えるなど政治的にも、文化的にもコスモポリタン的な性格をもっていた

パレルモの大聖堂カテドラーレはルッジェーロ二世の孫であるグリエルモ二世（在位：一一六六～八九年）の統治時代である一一八四年に建てられたが、入り口には次の『クルアーン』の一節のレリーフが見られる。

「まことに、おまえたちの主は神であり、天と地を六日で造りたもうたお方、玉座に登

り、夜を昼をおおわしめ、昼をしてあわただしく夜を追わしめ、また日も月も星もご命令のままに駆使したもうお方である。まことに創造と命令とは神のものではないか。万有の主なる神に祝福あれ」

（『クルアーン』第七章五四節）

アンティオキアのジョージによって建てられたパレルモのマルトラーナ教会にはビザンツ帝国で歌われていた讃美歌がアラビア語で柱に彫られ、礼拝堂の天井はムスリムたちが制作したオリエントの伝説や寓話が描かれている。パレルモ近くの小高い丘の上にあるモンレアーレの大聖堂にはアラベスクの幾何学模様とビザンツのモザイクがあふれている。

ルッジェーロ二世は、五歳の時に父親から離され、ギリシア人、ムスリムの個人教師からコスモポリタンであることと、多言語の文化を教えられた。シチリア王国は、ラテン語、アラビア語、ギリシア語が公用語の多言語の社会であり、宮廷でもこれらの言語が用いられていた。クリスチャンやユダヤ人であってもアラビア語を話し、逆にアラブ・ムスリムであってもギリシア語やラテン語に通じていた。キリスト教の王の宮廷で働くアラブ人も多く、彼らはキリスト教に改宗することなく、イスラムの信仰やその文化を維持していた。

ノルマンの王たちは気候的にも寒く、文化的伝統がなかったノルマンディー（現フランス北西部）よりも、文明の歴史があり、豊かな産物があるシチリア島やカイロや、チュニジアなど北アフリカの「イフリキーヤ」と呼ばれた地域のほうに関心があった。

　行政機構もまたノルマン、ギリシア、アラブの先例をモデルにして、財政はアラブ人に任せ、海軍はギリシア人に委ねたが、その海軍司令官の称号は「アミール（司令官）の中のアミール」というアラブ名がつけられていた。

　シチリア王国の宮廷は、ラテン、アラブ、ギリシアの哲学者、数学者、医師、地理学者によって占められていた。多くのギリシア語やアラビア語の文献がラテン語に訳され、ルネサンスなどヨーロッパ文明の基礎を築いた。

　イスラム文化がクリスチャンの生活様式にも影響を与え、十二世紀末にこの島を訪れたアンダルスの旅行家イブン・ジュバイル（一一四五～一二一七年）はパレルモに住む女性たちについて「この街のキリスト教徒の女たちは、ムスリム女性のような装いをしている。正しいアラビア語を流暢に話し、マントで身を包み、ベールをつけている」と伝えた。

　ルッジェーロ二世時代のシチリア島は、多様な文化が栄えて、島中でつくられた教会の建築様式を例にとっても、アラブの装飾、ギリシア・ビザンツのモザイクが見られた。多様な文化様式は、北欧とは違い、多様性と寛容性を特徴としていた。

　ルッジェーロ二世が亡くなった後もグリエルモ一世（在位：一一五四～六六年）、またグリエルモ二世の時代になってもアラブ・ムスリムを重用する傾向には変化がなかった。これらの二王の時代、ムスリムの指導者アブー・カースィムはシチリア島の行政、商業、政治で主要な役割を演じ、またアブー・ル・ダウは詩人、行政官でチュニジアのズィール朝と関わりをもち、ルッジェーロ二世の長男が一一四八年に亡くなると、その哀悼歌を書いたように、ルッジェーロ二世時代の寛容が希薄になっていなかったことを伝えている。

## イスラム文化を摂取した神聖ローマ皇帝フェデリーコ二世

ところで、漫画家、文筆家、画家として活躍するヤマザキマリさんは、『ヤマザキマリの偏愛ルネサンス美術論』（集英社新書、二〇一五年）の第五章「あらためて、『ルネサンス』とは？——多様性と寛容さが世界を救う」の中で「国や郷土は誰にとっても大切なものです。しかし、その場所に対する排他的な執着心や、変化というものを嫌う鎖国的な日本の精神性を、私はどうも好意的に捉えることができません」と書いている。

この本は多様性や寛容に基づく文化の相互作用や交流こそ狭量なナショナリズムを超えていっそう豊かな文化や文明をもたらすことを語っている。ヤマザキさんが言うように、日本にはみみっちいネトウヨ文化が根強く定着し、ヘイト的な書き込みを楽しむような人たちがいる。

ヤマザキマリさんが評価したのは神聖ローマ帝国の皇帝フェデリーコ二世（フリードリヒ

二世：一一九四〜一二五〇年）だった。

「ルネサンスの精神をいち早く体現した神聖ローマ帝国の皇帝フェデリーコ2世は、13世紀のシチリアで育った個人的な経験から、当時の誰よりも多様性と寛容さの重要性を知っていました。彼自身はまぎれもなくキリスト教徒ですが、異教徒であるイスラム教徒の宗教や文化を、自分の王国や宮廷の中で尊重しました。これも本書でたびたび繰り返してきたことですが、ルネサンスを考えるうえで、イスラム世界の存在はとても重要です」

（『ヤマザキマリの偏愛ルネサンス美術論』集英社新書）

神聖ローマ皇帝のフェデリーコ二世は、ホーエンシュタウフェン朝の神聖ローマ皇帝ハインリヒ六世と、シチリア王女コンスタンツェとの間に生まれた。三歳にしてシチリア王を継承し、多様な文化に触れながら、ラテン語、ギリシア語、アラビア語など六カ国語に通暁するようになった。彼はイスラム支配の歴史があったシチリア島でアラビア科学の影響を受け、身につけた解剖学の知識から人体解剖の経験もあったと言われている。科学に関心があった彼は一二二四年にナポリ大学を創設した。フェデリーコ二世時代のシチリア島の人口は二五〇万人だったが、ローマ・カトリック、ギリシア・カトリック（東方典礼カトリック教会：ローマ教皇の権威やカトリックの教義を認めるものの、正教会や東方諸教会で用いられる典礼を使う）、ムスリム、ユダヤ人が共存して暮らしていた。

シチリアは様々な民族や国に支配されてきた。ギリシア人、フェニキア人、ローマ帝国、イスラム教徒、北欧バイキングの血を引くノルマン人。まさに文明の十字路であり、人々は長い歴史を通して共存の大切さを実感していた。市場にはノルマン人が北の海からもってきたニシンやアラブ人がもたらしたサボテンの実を食べる文化が残るなど、今でもいろいろな人種のいろいろな食材があふれている。

パレルモの大聖堂に眠る神聖ローマ皇帝フェデリーコ二世の遺骸を包む衣装はイスラム風であり、袖にはエルサレムの一〇年の平和をともに築いた盟友であるアイユーブ朝第五代スルタン、アル＝カーミル（一一八〇～一二三八年）に捧げられた次の言葉がアラビア語で縫い込まれている。

「友よ、寛大なる者よ、誠実なる者よ、知恵に富める者よ、勝利者よ」

イスラムはパレルモなどを経由してヨーロッパにギリシア・ローマの文化を伝え、ルネサンスとして開花させた。ムスリムの学者たちはギリシアやローマの古典をアラビア語に翻訳し、ヤマザキマリさんの言葉を借りればヨーロッパ文化の「種火」を保存していたのだ。イスラムから多くの知識を摂取しようとしたフェデリーコ二世の影響を受けたダンテ（一二六五～一三二一年）やジョット・ディ・ボンドーネ（画家：一二六七年頃～一三三七年）がルネサンスの大輪の花を咲かすことになった。

　また、ヤマザキマリさんはイタリアのルネサンスが花開くための宗教家としてアッシジのフランチェスコ（「フランシスコ」とも表記：一一八二～一二二六年）を挙げている。信仰とは、自分なりの自覚を持ってその中に入っていくことなのだ、という宗教観をもつ聖フランチェスコは、ルネサンスの精神を準備したとヤマザキマリさんは語る。聖フランチェスコは、現ローマ教皇フランシスコがたびたび愛と寛容の人物として紹介し、その言葉を引用している。

　聖フランチェスコは、教皇がイスラムの殲滅を唱えた十字軍の時代の一二一九年に、平和を求めてムスリムであるエジプトのスルタン、アル＝マリク・アル＝カーミルと会談を行った「変人」（ヤマザキさんの表現）だった。フランシスコ教皇は二〇二〇年十月四日、新回勅「フラテッリ・トゥッティ（Fratelli tutti、「兄弟である皆さん」の意）」を明らかにしたが、それは聖フランチェスコの考えや行動に影響を受けたものだった。回勅では、アッシジのフランチェスコがどこにいようとも平和の種子を蒔《ま》き、貧しく、見捨てられた人々、弱者、追放された人々とともに歩んだことが強調され、教皇は聖フランチェスコの考えや姿勢を現在の世界に広がりつつあるナショナリズムの壁へのアンチテーゼとしようとした。

憎しみのあるところに愛を、
いさかいのあるところに許しを、
分裂のあるところに一致を、
疑惑のあるところに信仰を、
誤っているところに真理を、
絶望のあるところに希望を、
闇に光を、
悲しみのあるところに喜びをもたらすものとしてください。(後略)

これは、聖フランチェスコの生涯や思想に由来する「聖フランシスコの平和の祈り」という祈禱文だが、様々なアーティストが曲をつけて歌にもなっている。

## 中世キリスト教の学者たちが集まったトレド

一〇八五年にカスティーリャ=レオン王国のアルフォンソ六世がトレドを攻略してキリス

ト教支配を復活させた。彼はムスリムの文化活動には寛容で、トレドはムスリムの学術研究の中心であり続け、またヨーロッパのクリスチャンたちの文化の核にもなった。クリスチャン、イスラム教徒、ユダヤ教徒が共同で「知恵の館」などからもたらされたアラブ・イスラム文献のラテン語への翻訳を行い、これによって中世ヨーロッパの学者たちの哲学・科学研究が容易になった。

トレドの大司教であったドン・ライムンド（一一五二年没）は、一一二六年から彼が没するまでアラブ・イスラム文献の翻訳作業の支援を積極的に行ったが、彼はアリストテレスに関するアラブの哲学者たちの理解が重要であることに気づいていた。ラテン語に訳されたイブン・スィーナーの『医学典範』は、ヨーロッパ中世の医学校のテキストとなり、またイブン・ハイサム（九六五～一〇四一年頃）の『視学の書』はヨハネス・ケプラーの天文学にも影響を与えた。

アルフォンソ一〇世（在位：一二五二～八四年）は、「翻訳研究所（エスクエラ・デ・トラドゥクトーレス）」をやはりトレドに設立するなど、学術・科学の保護者となり、その治世の下でもアラビア語文献の翻訳が行われ、ヨーロッパ・ルネサンスの基礎を築き、ヨーロッパ各地の大学はギリシアの古典をカリキュラムに採り入れることになった。

トレドの「翻訳研究所」は一九九四年にカスティーリャ＝ラ・マンチャ大学の一機関とし

て復活したが、アラブ世界の文化を探求し、相互理解に役立つことを目的としている。文化の相互作用と発展は翻訳事業によって促進され、多様な文化、文明が交わり、相互に刺激し合うことが世界の科学や文化をいっそう高めることをトレドの歴史は伝えている。

イタリアの学者クレモナのジェラルド（一一一四年頃〜八七年）は、多くのアラビア語の学術書をラテン語に翻訳し、その中でもプトレマイオスの『アルマゲスト』は、ヨーロッパの天文学研究の基礎となった。トレドの学者たちはアラビア語で会話し、アラビア語が学術研究の重要な媒体だったが、クリスチャンの支配者たちの言語的必要があってアラビア語からラテン語への翻訳が行われた。

## ムスリムが建てた都マドリードとムデハル建築

スペインの首都マドリードにおけるイスラムの歴史はあまり知られていない。マドリードのイスラムの過去がほとんど知られていないのは、マドリードがキリスト教国スペインの首都で、カトリックやヨーロッパ文化の中心として意識されていることがある。また、グラナダやコルドバとは異なり、目に見えて有名なイスラムの文化遺産がマドリードには存在しないこともある。ちなみに現在のマドリードの宗教構成は、二〇一九年にスペインの「社会学研究所」が四六九人を対象に行った調査によれば、カトリックが二〇・七％、宗教的実践を行わないカトリック教徒が四五・八％、三・八％がイスラムを含むその他の宗教、一一・一％は神がいることを証明できないとする不可知論者、三・六％が宗教に関心がなく、一二・八％は神の存在を信じない無神論者、残りの二・一％は信仰について回答がなかった。

スペインの首都マドリードのビリャ広場には、ムデハル様式の建築物がある。ムデハル様式は、十二世紀から十七世紀まで見られ、イスラム建築の伝統と、ムーア人（北西アフリカのムスリム）の影響とその装飾的要素をヨーロッパの建築様式に融合させ、さらにユダヤの文化的伝統も採り入れ、スペイン中世の宗教を超えた文化の融合を示すものである。スペインで特に有名なのは一九八六年に世界遺産に登録されたアラゴン州の「アラゴンのムデハル様式の建築物」で、イスラムとキリスト教、ユダヤ教の平和的共存を証明するものとして高く評価されている。

マドリードは、八六五年に後ウマイヤ朝のアミールであったモハメド一世によって城砦としてつくられ、水路などを意味する「マジュリート」と呼ばれていた。マドリードにはマンサナーレス川が流れ、豊かな水源がある。マドリードは、十一世紀の終わりにクリスチャンが征服したが、一六〇九年までムスリムは居住していたと記録されている。マドリードのムスリム街の中心であった「ラ・モレリア」地区はテラス、タパスバー、カフェ、レストラン、街で最も古い教会や美術館などがあり、狭く曲がりくねった通りの迷路のような地区となっている。マドリードの王宮は、ムーア人の城砦アルカサルの位置に建てられたもので、元々のアルカサルは一七三四年に焼失した。

現在、マドリードのムスリム人口は三〇万人ぐらいで、スペイン全土では二〇〇万人、その多くはモロッコからやって来ているが、その他はアルジェリア、ナイジェリア、パキスタンからの移民やその子孫だ。

マドリードではイスラムの文化遺産を保護しようとする動きが「FUNCI（スペイン・イスラム文化財団）」などの取り組みによって加速するようになった。こうした動きがある背景には、スペインの多様な文化的遺産を思い起こし、イスラムへの理解を深め、ムスリム社会との寛容な共存を促す狙いがある。イスラムはスペインにとって決して「他者」ではなく、スペイン人自身の一部であった。イスラムの過去の歴史に関する知識をもたないことは、イスラムを他者の宗教としてながめ、また異教であるイスラムをまったくの外国文化の構成要素としか考えないことになる。

イスラムの過去を知り、理解することはイスラムへの偏見を正すことにもなる。スペイン国内にあるイスラムを拒絶する意識は、イスラムの過去に関して知識をもっていないとか、理解していないことから発生している。イスラム・フォビアの極右団体は、他の国の歴史修正主義者と同様に、自らの理解やイデオロギーに都合よくスペインの歴史を語るようになっている。

## スペイン最後のイスラム王朝――ナスル朝

ナスル朝はイベリア半島最後のイスラム王朝で、首都の名前をとってグラナダ王国とも呼ばれている。王朝の創始者のムハンマド一世は、一二三二年にハエン北西の小都市アルホナで政権を樹立した。一二三六年にコルドバが奪還されるなどキリスト教徒の「レコンキスタ」運動が勢いを増す中で、カスティーリャ王国のフェルナンド三世と同盟し、その後二五〇年間にわたってカスティーリャ王国の朝貢国となった。ナスル朝の人口構成を添付したグラフを見れば明らかなように、ナスル朝はヨーロッパに位置しながらもムスリム人口が圧倒的に多かった。

さらにセルビア、ヴァレンシア、ムルシアなどからムスリム難民を受け入れながら、壮麗なアルハンブラ宮殿を建設するなど、首都グラナダの繁栄を築いた。イスラム世界との通商を強化し、アフリカのサハラ砂漠地域の国々と金の取引を行い、絹糸や絹織物をカイロなどイスラム世界に輸出した。

ナスル朝は、アルハンブラ宮殿など建築の優雅さと壮麗さで有名で、噴水、井戸、公共浴場を芸術的に仕上げていき、それがナスル朝文化の典型となった。アルハンブラ宮殿の最も

**図表4 ナスル朝の人口比率**

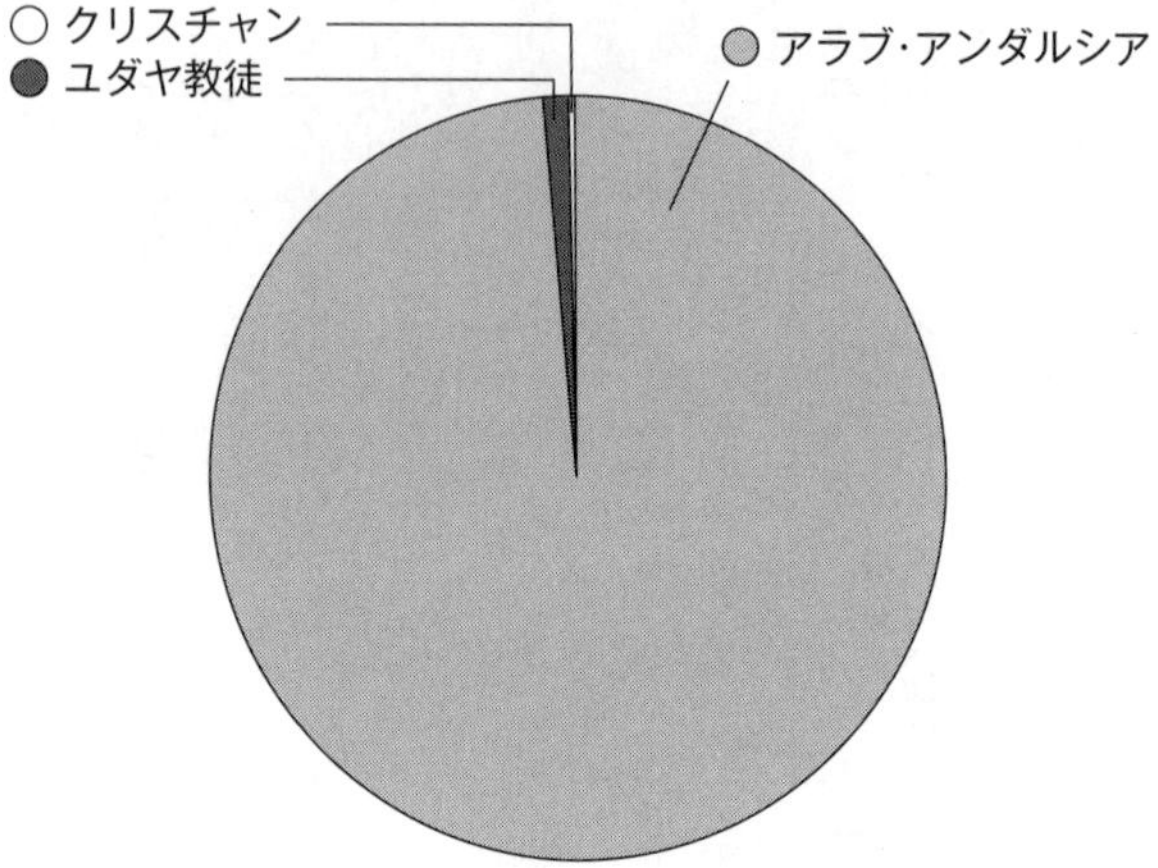


『The Nasrid Kingdom of Granada between East and West』Bilal Sarrを改変

大きな部屋は「大使の間」で、公式の接見が行われ、王の玉座もある。部屋は正方形となっていて、天井は青、茶色、赤、金色の色彩で装飾され、部屋の中央にも噴水が配置されている。部屋の下部は上薬を塗られた幾何学模様のタイル貼りとなっていて、上部は幾何学模様と植物モチーフの浮き彫り装飾になっている。

　ナスル朝の支配者たちは、建築物をアルハンブラ宮殿のように、壁や床を美しくデザインしたセラミックタイルで覆い、化粧漆喰《しっくい》や、創造的に彫られた石膏を使用し、壁や床の多くの表面に芸術的な装飾を描いた。装飾モチーフは幾何学的であったり、またあるいは植物デザインであったり、『クルアーン』の一節も含まれていたりした。その装飾技術やデザインは九世紀のイラクに遡るとされる。ナスル朝は、その前にイベリア半島を支配したイスラム王朝のムワッヒド朝（一一三〇～一二六九年）の建築モデルを踏襲したが、重要な建築物の多くに斬新な大理石の使用法をもたらした。

ナスル朝の芸術は建築に見られるように、ムワッヒド朝の文化を引き継いだが、ムワッヒド朝よりもはるかに多様性に富み、華麗であった。ナスル朝のラスター彩《さい》はマラガ、ムルシア、アルメリア、グラナダでつくられていたが、次第にその中心はマニゼスに移り、「マニセス陶器」として有名になった。この陶器づくりはイタリアの陶器産業にも多大な影響を及ぼし、「マヨリカ焼き」に発展していった。ナスル朝の芸術は武器の装飾にも及んだが、戦闘で使われることはなかった。

## 黒死病（ペスト）によるヨーロッパ・キリスト教世界の人口減少

六世紀のビザンツ（東ローマ）帝国の歴史家プロコピオス（五〇〇頃～五六二年頃）は、軍人ベリサリオスの補佐官となり、ペルシア、アフリカ、イタリアでの戦記を著わした。彼の『秘史』は、皇帝ユスティニアヌス一世の最重要史料とされるが、プロコピオスは、疫病を皇帝のせいだとして、ユスティニアヌス一世を悪魔であると形容し、その邪悪な諸策の代償として、神に罰せられるべきだと語った。

ヨーロッパの疫病は、六世紀から八世紀までの間、地中海地域でおよそ二二五年間継続した。ビザンツ帝国の首都コンスタンティノープルにはユスティニアヌス一世の戦争によってエジプトで獲得された穀物から疫病が広がっていった。十一世紀に聖地エルサレムに到達した十字軍は、天然痘をヨーロッパにもち帰り、また一五二一年にアステカ帝国に侵攻したスペインのコルテスの軍隊は、天然痘をもたらし、アステカ帝国の人口の四〇%が失われた。

イタリアの作家ジョバンニ・ボッカチオの代表作である『デカメロン』(「一〇日物語」の意)は、一三四八年から五三年にかけて書かれた物語で、ペスト禍にあるフィレンツェの三人の青年と七人の女性たちが、それぞれ一日一話を一〇日にわたって語る一〇〇の物語が集められている。アラブ世界で成立した『千夜一夜物語』を彷彿させる体裁である(『千夜一夜物語』は、シャフリヤール王に嫁いだシェヘラザードが千夜にわたって物語を話していく)。

一三四七年から一三五〇年にかけて流行した「黒死病(ペスト)」は、ヨーロッパの人口の四〇%から五〇%を奪ったとも見られるほど深刻なものだった。ボッカチオの家族もこの黒死病で亡くなったが、『デカメロン』では、「無慈悲」と形容される富裕層は、郊外の邸宅にこもり、ワインや食事、音楽などの娯楽を享受する。他方で、貧困層はフィレンツェの城内での生活を余儀なくされ、次々と疫病に倒れ、死んでいく。フィレンツェを離れることができない人々は死を覚悟し、また農民たちは罹患しても医師が診察することなく死を迎えていった。『デカメロン』では、他者の苦しみに無関心な富裕層たちの姿が描かれている。

ボッカチオは、『デカメロン』で、人間の他者への責任を問い、広範にわたる疫病の感染禍にある中で、疫病と貧富の格差の問題、生命の価値とは何かを考えさせた。

中世に流行った黒死病の感染も、ネズミやノミなどではなく、人間がもたらしたものであった。一三四七年にクリミア半島のカッファ（現在のフェオドシヤ）を包囲したモンゴル軍は、すでに疫病に罹っていた。カッファの街を支配していたのは、イタリアのジェノヴァの商人たちであり、ジェノヴァ商人たちは、ヨーロッパ貿易を独占し、奴隷市場を支配していた。また彼らは、東地中海地域の十字軍で主要な役割を担っていた。カッファ攻略でモンゴル軍は一万五〇〇〇人の犠牲を出したと見られるが、モンゴル軍はカタパルトで感染した遺体をカッファ城内に投げ込み、そこからジェノヴァ側に感染が発生し、カッファを放棄したジェノヴァ人たちが、ヨーロッパに疫病をもたらしたと考えられている。

東西交易の中心であったコンスタンティノープルは黒死病と言われた疫病の中心となった。ビザンツ帝国は、この疫病によって弱体化して立ち直ることができずに、一世紀後にオスマン帝国によって滅ぼされた。このオスマン帝国でも一八一二年に疫病が流行すると、この影響もあって帝国は衰退していった。

『デカメロン』にはフィレンツェを襲ったペストの流行について「一日一〇〇〇人以上罹《り》

病《びょう》しました。看病する人もなく、手当も加えられないので、皆はかなく死んでいきました。また街路で死ぬ人も昼夜ともに数多くありました。また、多くの人は家の中で死んでも、死体が腐敗して悪臭を発するまでは、隣人には分からない有様でした」と書かれてある。

長崎大学熱帯医学研究所国際保健学分野教授の山本太郎教授の論文「人類が直面する新たな感染症の脅威」によれば、ペスト菌の共通祖先が中国に起源をもち、ユーラシア大陸西方のヨーロッパにあっという間に広がり、ヨーロッパでの死者数は二五〇〇万人から三〇〇〇万人、ヨーロッパ総人口の三分の一から四分の一も減少したという。また中国明代の鄭和の大航海も感染拡大に影響を与えたという。

ペストによる人口減によって、従来の封建制度を支えていた階級の影響力が低下し、能力による人材の登用も見られるようになり、封建制が崩壊し、ヨーロッパではルネサンスという文化的復興期を迎える。ルネサンスは十四世紀のイタリアに始まりアルプス以北のヨーロッパで新たな展開があり、十八世紀のフランス革命、産業革命などの近代を準備していった。「ルネサンスの本質は封建専制に対する民衆の自由独立の実現の希望であった」（羽仁五郎『ミケルアンヂェロ』岩波新書）のである。

## 中世ヨーロッパ社会で大量に追放されて減ったユダヤ人

一二一五年にユダヤ人は教皇インノケンティウス三世の命令によって、黄色いサークルの差別バッジを着用することが義務づけられた。さらに一二四〇年にルイ九世は、ユダヤ教の聖典であるタルムードを焼却することを命じたが、これによって焼却されたタルムードは数千冊に上ったと見られている。また一三〇六年、フランスのフィリップ四世はすべてのユダヤ人を彼の王国から追放した。さらに一三四九年の黒死病（ペスト）流行の時、ハンガリー在住のユダヤ人はハンガリーから追放された。その後、直ちに帰国が認められたものの、ラヨシュ一世（在位：一三四二～八二年）在位時の一三六〇年にユダヤ人はカトリックへの改宗を拒んで再び追放された。

他にもユダヤ人はヨーロッパ諸国で排斥され続け、イギリスでは一二九〇年に一万六〇〇〇人が、またフランスでは一三九六年におよそ一〇万人が、さらに一四二一年にはオーストリアから数千人が追放された。こうして追放されたユダヤ人の多くは東欧、特にポーランドに多く住み着いたのである。

一四九二年には、スペインで「改宗したばかりのクリスチャンに悪影響を及ぼすかもしれない」という危惧から、およそ二〇万人のユダヤ人がスペイン王とカトリック教会によって追放された。さらに一四九三年にシチリア島から三万七〇〇〇人のユダヤ人が放逐されたが、その多くはオスマン帝国、オランダ、北アフリカ、南欧、そして中東へと移住していった。

またポルトガルでも、一四九七年にエマニュエル一世の下で、ユダヤ人はキリスト教に改宗するか、ポルトガルを離れるかの選択を余儀なくされた。一五〇六年にはリスボンでおよそ五〇〇〇人のユダヤ人が虐殺されている。

十五世紀終わりになると、ビジネスでの交流以外にユダヤ人とクリスチャンが接する機会は極めて少なくなった。国によっては高い壁によって隔離されたゲットーに閉じ込められるケースもあった。ユダヤ人は悪魔の手先、また干ばつや飢饉をもたらす存在であると考えられ、クリスチャンの芸術家はユダヤ人を角や尻尾をもった者、または悪魔の顔で描いた。クリスチャンの聖職者や宗教学者は、ユダヤ人は邪悪な生き物で人間以下とも表現している。

中世後期になるとヨーロッパで商業が盛んになり、ユダヤ人の中には貿易、金融、金貸しなどで成功を収める者も現れ始めた。しかし、そのことがキリスト教徒からのさらなる反発を招いた。ユダヤ人の経済的成功に対する妬みと従来の宗教的偏見が結びついて憎悪が増幅されたのだ。その後もドイツでは一三五〇年代、ポルトガルでは一四九六年、プロヴァンスでは一五一二年、そして一五六九年にはローマ教皇の国々で、ユダヤ人商人や金融業者に対する追放が行われた。そうしたユダヤ人の排除は、一四九二年のスペインでのユダヤ人に対する徹底的な放逐によって頂点に達したと言ってよいだろう。スペインでは、キリスト教に改宗したユダヤ人は追放を免れたが、改宗後もユダヤ教の宗教的儀礼を維持する者は宗教裁判で罰せられた。

中世ヨーロッパでは、ユダヤ人たちは苦難の下に置かれていった。西ヨーロッパの一〇〇〇年から一五〇〇年までの時期、すべての支配者はクリスチャンであり、権力をもつ者たちはクリスチャンたちであった。クリスチャンから見れば、ユダヤ人たちは、異質で、奇妙な存在だった。また十字軍を契機に反目するようになったイスラムと同盟する者たちと考えられた。それゆえ、キリスト教社会では「裏切り者」扱いされたのだ。ユダヤ人たちは土地の所有を禁じられたために、彼らは一部の例外を除いて農民になることが不可能で、商業や金融業に従事することになり、さらにゲットーに閉じ込められて住んでいた。

反セム主義は、ユダヤ人が、パレスチナから追放されて、外の世界に移住していった時から始まった。ギリシア・ローマ時代には宗教の違いが反セム主義の最も根幹にあった。ヘレニズムの時代にユダヤ人が、他の宗教が信仰する神々を一切否定したことは、他の宗教世界の人々から怒りや反発を受ける理由となった。紀元前一世紀から紀元後一世紀までのヘレニズム時代には多くの神が信仰されたのに対して、ユダヤ人が一つの神しか信仰の対象としなかったことは、為政者に対する不忠の表れとも見なされた。

ナザレのイエス（キリスト、紀元前七年頃〜紀元後三〇年頃）とその弟子たちはユダヤ教の信仰をもち、キリスト教はユダヤ教の一神教に影響を受けるものだった。ユダヤ教とキリスト教の競合は、当初宗教学的なものであったが、次第に政治的なものへと変質していく。

キリスト教では救世主イエスによって人類は救済されたということを地球上すべての人に伝える書物が『新約聖書』だとしている。ユダヤ教の正義の神に代わって、愛の神がキリスト教では強調された。キリスト教成立当初の神父たちは、ユダヤ教の歴史的役割が終わり、それは新たな宗教の到来を準備するためのものだったと主張するようになった。こうした考えでは、ユダヤ教はその存在や活動意義をもはや失ったということになる。それゆえ、ユダヤ教が宗教活動を継続することすらもキリスト教への重大な挑戦と見なされた。

キリスト教が普及し、信徒の数を増やし始めてもユダヤ教徒にはキリスト教の信仰を受け入れる様子がいっこうに見られなかった。ユダヤ人は、キリストをメシアとして受け入れることがなく、またキリストの受難に関してユダヤ人が果たしたとされる役割はクリスチャンによって強調されるようになり、キリスト教側のユダヤ人に対する偏見を増幅させていった。

## キリスト教世界の大航海がアメリカ大陸の大幅な人口減をもたらす

七世紀から十一世紀までサハラ砂漠横断交易は地中海地域経済にも結びつき、地中海交易の重要な商品である塩を獲得するための金の需要が増加していった。八世紀、九世紀になると、モロッコ南部のシジルマサ（サハラ交易で八世紀から十四世紀頃まで繁栄したオアシス都市）

では塩などの物資を仲介人として購入するベルベル人が金を隊商（キャラバン）に与えていた。アラブ人との交易が、ベルベル人をイスラム化した。アフリカの金はヨーロッパの金貨の材料ともなり、北アフリカとヨーロッパの地中海交易の取引にとって欠くことができなくなっていった。

ヨーロッパが購入する塩、象牙、奴隷、貴石、刺繍した衣類などは金との交換で行われ、また軍隊の俸給も金貨で支払われるようになっていた。十三世紀以降、金貨の製造はカスティーリャ王国、ジェノヴァ、フィレンツェ、ヴェネツィアなどのヨーロッパ諸国で行われるようになった。サンハジャ・ベルベル（ベルベル最大の部族連合の一つ）やトゥアレグはサハラ砂漠を横断し、マリなどから金をモロッコのマラケシュやフェズ、またチュニスやカイロにもち帰った。中世において地中海地域の商取引に用いられる金の三分の二は西アフリカ産だったと見られている。

金の産出で有名だったのが、ガーナ帝国（六～十三世紀）で、現在のモーリタニア南部やマリにあたる。続くマリ帝国（一二四〇～一六四五年）の支配者はガーナ帝国よりも金の採掘による富裕ぶりで知られるようになった。マリの最も有名な支配者は、前述したマリ帝国第九代王マンサ・ムーサ一世で、一三二四年にメッカ巡礼を行った際には一〇〇頭のラクダと、それぞれが二・七キロの金をもつ五〇〇人の奴隷を従えていた。途中、立ち寄ったエジプト・カイロで金を献金したり、また彼の側近たちが金を買い物に消費したりしたので、金の値打ちが二〇％も下落するほどのインフレを招いたという説もある。マンサ・ムーサ一世は世界で最も富裕な人物として、スペインなどヨーロッパでも知られるようになった。

このマリ帝国を継いだのが、ソンガイ帝国（一四六〇～一五九一年）だったが、西アフリカに進出してきたポルトガルは、大航海時代のアジアでの物品の購入に金が必要だったために、十五世紀になると、西アフリカの金貿易を一手に支配することを狙った。ポルトガルやスペインなどの大航海時代を可能にさせたのは、経済的利益による動機づけやムスリム商人たちなどによる海上交易の伝統的知識があったからである。

一四四八年、アフリカの内陸との交易の拠点がモーリタニア沖のアルギン島に築かれ、一四七〇年代、ポルトガルの貿易船はアフリカの「黄金海岸」（現在のガーナ）に到達し、一四七一年に現在モロッコにあるタンジェを占領し、一四八二年に「黄金海岸」にあるエルミナの街に「サン・ジョルジョ・ダ・ミナ」の要塞を建設した。一四八三年にポルトガル人のディオゴ・カオはコンゴ川に到達して、探検を行うなどポルトガルはアフリカに強い経済的関心を示した。

インド洋航海の水先案内人として十五世紀に活躍したイブン・マージド（生没年不明）は、アラブの航海術を集大成した航路・方位指針、天文、測地法などに関する二〇以上の著作を残したが、その航海技術と地理的知識は驚嘆するほど精緻で、高度、かつ豊富なものであった。イブン・マージドはバスコ＝ダ＝ガマ（一四六九〜一五二四年）のポルトガル艦隊を東アフリカのマリンディからインドのカリカットまで案内したという説もある。一大海洋国家となったポルトガルの進出も十三世紀に中国からイスラム世界にもたらされた羅針盤、またイスラム世界で発達した地理学、天文学、各種天測器具、三角帆による航法などを総合的に受容することによって可能となった。

ポルトガルは、十五世紀末から東方貿易に力を注ぎ、膨大な海外領土を獲得した。一五四三年ポルトガル商人が種子島に漂着したことで日本に鉄砲が伝来し、一五四九年、ポルトガル王ジョアン三世の依頼でイエズス会の宣教活動に乗り出したフランシスコ・ザビエルは、日本に最初にキリスト教を伝えた。日本語にもポルトガル語起源の言葉が多くある。ボタン、金平糖、コップ、シャボン、ビードロ、雨合羽の「カッパ」、タバコ、パン、カステラ、天ぷらなどはポルトガルが日本にもたらした物品や食べ物が起源になっている。

当時、イスラム文明および東西世界で揺るぎない安定を保ち、東西の陸路交易の要《かなめ》とも言えるところに位置していたトルコのオスマン帝国は、平和と繁栄と秩序の維持に努め、税収の確保、通商の活発化によって人々の平和や共存のシステムは根強く機能していた。

このオスマン帝国の各民族、各宗派の共存システムを破壊したのが、ヨーロッパ諸国であった。ヨーロッパ諸国の経済的野心は、十字軍による略奪から、さらにバスコ゠ダ゠ガマなどに見られる「大航海」の時代をもたらした。ヨーロッパとアジアとの直接的な海路での交易が発展することになり、陸上交通による貿易的重要性をオスマン帝国から奪っていった。さらに、スペインなどアメリカ大陸に進出したヨーロッパ諸国は、大量の銀をもち帰り、オスマン帝国に経済的インフレをもたらした。

クリストファー・コロンブスは一四五一年にイタリアのジェノヴァに生まれ、ポルトガルで海上商人、貿易業者となり、一四七七年にはアイスランド、アイルランドに商船で到達した。また一四八二年から八五年にかけてギニアや黄金海岸など西アフリカとの交易に従事し、一四八六年までにスペインに定住するようになった。

イスパニア王国のイサベル一世(一四五一~一五〇四年)は、イスラム・スペインの拠点であったグラナダを一四九二年一月二日に陥落させると、スペインのクリスチャンたちは、イスラム世界への究極の勝利を意図するようになった。しかし、イスラムのオスマン帝国はヨーロッパのキリスト教諸王国を脅かすほど強大で、紅海に至る航路もキリスト教勢力が奪取することは困難だった。

そこで航路で西に向かえば、中国やインドに到達して金やスパイスを手にすることができるとコロンブスは考え、この構想をイサベル一世も支持し、財政支援や航海によって得られた利益の取り分比率などを内容とする契約を結んだ。一四九二年八月三日、ポルトガルのパロス港の近くから三隻の船で出航し、同年十月十二日に到達した島をサン＝サルバドル島と名づけ、ここがインディアス（インド以東のアジアのこと）の東端と確信して、現地人のことをインディオと名づけた。コロンブスはこの島で略奪行為を行い、金、銀、真珠、オウム、さらには奴隷などを獲得した。

このような成果があったために、二回目の航海も間髪を入れずに行われ、一四九三年九月に一七隻の艦船、農民、坑夫、投資家など総勢一五〇〇人でスペイン南西部の港湾都市カディスを出発し、十一月三日にドミニカ東部のバイーア・デ・サマナに到達した。コロンブスが率いるスペイン人たちは略奪や先住民たちの虐殺などの残虐行為に走り、また彼らを奴隷化していった。コロンブスの「新大陸」への航海はさらに、一四九八年、一五〇二年と続くことになるが、これらの航海や植民活動の中で、虐殺やレイプ、拷問が繰り返され、また土地の強奪も行われた。カリブ海地域に居住していたタイノ族は一四九三年には八〇〇万人だったが、三年後には虐殺やスペイン人がもち込んだ疫病などで三〇〇万人に減少した。コロンブスがスペインに戻る一五〇四年にはさらに著しく減って一〇万人となった。

# Ⅳ　イスラム世界を逆転したキリスト教徒の人口増加

一七五〇年から一八五〇年は、ヨーロッパが飛躍的な発展を遂げた時代だった。一七五〇年から一八〇〇年までの間、ヨーロッパの主要国は人口を五〇％から一〇〇％増加させた。この人口増加の背景には、ジャガイモなどの新しい農作物の移入など農業の改良や改善があったことと、大規模な疫病の流行もなかったことによる。人口の飛躍的増加によって、農家や職人の家庭の子弟たちは相続ができず、新たな形態の労働を探すことになった。この章では、ヨーロッパ・キリスト教世界の人口増加をもたらした種々の要因を紹介し、ヨーロッパが世界で主導的役割を担った背景やプロセス、またヨーロッパとイスラム世界の力関係が産業革命によって逆転する過程を追ってみることにする。

### 啓蒙思想とは

啓蒙主義は、十八世紀の西ヨーロッパ、特にフランスで起こった教会的権威や封建思想からの人間の解放を目指した思想的潮流で、一七八九年のフランス革命にもイデオロギー的背景を提供した。「啓蒙」の「蒙」とは無知蒙昧の「蒙」であり、啓蒙主義には人々を無知から有知に、つまり知識ある人々に変えようとする性格があった。西ヨーロッパの封建社会の下で、キリスト教会の権威の中に押し止められていた人々に人間や社会、世界、自然の真実を教え、真理に目覚めさせる運動が啓蒙主義だった。啓蒙思想はフランス・ブルボン朝の旧体制（アンシャンレジーム）の中に置かれた人々がいかに人間の解放からほど遠い存在であることを強調し、旧体制を批判、否定する運動でもあった。

カントは『啓蒙とは何か』（一七八四年）の中で、啓蒙とは人間が、自ら招いた未成年の状態から抜け出ることだと述べている。未成年の状態とは、他人の指示がなければ、自分の理性を発揮できないことを言う。人間が未成年の状態にあるのは、他人の指示を仰がないと、自分の理性を使う決意も勇気ももてないからだ。カントは「知る勇気」や「自分の理性を使う勇気」をもつべきことを説いた。（カント『永遠平和のために／啓蒙とは何か』中山元訳、光文社古典新訳文庫）

科学の発展の影響を受けて、神を絶対視した世界観は大きく動揺し、人間や社会、国家のあり方を根底から見直そうとする啓蒙主義の思想的潮流が生まれることになる。十七世紀が「科学の時代」と呼ばれたのに対して十八世紀は「啓蒙の時代」と呼ばれている。「科学の時代」には自然科学が著しく発展し、その後のフランスでは、モンテスキューの三権分立論などの国家論、ヴォルテールの宗教的寛容論、ルソーの社会契約説など代表的な啓蒙思想が唱えられるようになった。

フランスの啓蒙思想を集大成したものが、ドゥニ・ディドロ（一七一三～八四年）とジャン・ル・ロン・ダランベール（一七一七～八三年）が中心となって編纂した『百科全書』だった。フランスの多くの啓蒙思想家がその執筆にあたったので彼らを「百科全書派」ともいう。また、フランスのフランソワ・ケネー（一六九四～一七七四年）は『経済表』を著して重農主義を主張し、富は生産によって蓄積されることを強調した。イギリスではアダム・スミスが『諸国民の富』を著して、重商主義を批判した。重商主義は商工業を重視し、貨幣や貴金属など国富を蓄積することを目指すものだが、スミスは富の源泉として労働力があることを説き、産業革命による資本主義経済への移行を理論づけた。

十八世紀の西ヨーロッパは主権国家が形成され、各国は絶対王政の支配の下にあった。絶対主義国家は領土争いに夢中で、七年戦争が勃発した。七年戦争は、プロイセン王国とオーストリアの対立を軸に一七五六年から一七六三年まで戦われたもので、戦争は、プロイセンがイギリスと、オーストリアはフランス、ロシアと同盟して全ヨーロッパに及んだ。
　西ヨーロッパの大国は、新大陸やアジアでの植民地獲得でも利害が衝突していった。十八世紀はイギリスでは産業革命が始まりつつあり、封建社会の崩壊、貴族社会の崩壊とそれに代わる近代市民社会が始まる時代でもあった。人間が平等な権利を受け取ることを主張するルソーや、人間本来の幸福を欲望の充足に求めるディドロの思想はやがてフランス革命を生み出すことになる。同時に絶対王政を維持したい君主たちも、「上からの改革」の必要を察知し、啓蒙思想に学びながら支配を合理化するという「啓蒙専制君主」が現れた。プロイセンのフリードリヒ二世（一七一二〜八六年）、オーストリアのヨーゼフ二世（一七四一〜九〇年）などがその典型であった。

**産業革命と人口革命**

　ヨーロッパでは産業革命とともに、「人口革命」が発生する。ヨーロッパの人口は十八世紀にざっくり一億人から二億人に、また十九世紀になるとさらに倍増し、四億人に達した。産業化が進んでいない国や地域ではヨーロッパのように、人口が激増したというわけではない。というのも、死亡率も高かったからだ。産業化と医学の発達、食物の安定供給によってヨーロッパでは人口が増加していった。しかし、都市化の進行とともに、居住空間の限られた都市の家庭では出産回数が次第に減少傾向となり、人口増加に抑制がかかるようになる。

ちなみに、脱亜入欧を目指した日本の人口増加も同様であった。日本の人口も明治維新後の富国強兵政策で著しく増加していく。一八七二年（明治五年）の日本の人口は、三四八〇万人だったのが、一九一二年（明治四五年）には五〇〇〇万人を超え、一九三六年（昭和一一年）には明治初頭の倍となる六九二五万人となった。

産業革命によってイギリスでは様々な科学的発見、国民総生産の増加、新しいテクノロジーの発展などの要因で人口増加がもたらされた。

イギリスでは産業革命に先立つ一七〇〇年から一七五〇年の間、人口は停滞していてほとんど増加しなかった。しかし人口の正確な数は示されていないが、一七五〇年から一八五〇年の間にイングランドの人口は倍以上になった。

人々は自らが労働する工場の近くの都市で暮らすようになり、結婚年齢の変化、健康状態の改善によって平均寿命が伸び、出生率が高まった。産業革命の過程でイギリスの死亡率は低下し、人々は長生きするようになった。十八世紀前半、イギリスの結婚年齢は他のヨーロッパ諸国に比べると高く、結婚しない人の数も多かった。しかし、産業革命が進行していくと、結婚年齢も下がり、結婚をしない人の数も減っていった。

産業革命の展開によってより多くの子どもたちが生まれるようになり、婚外子の増加は都市化の中でより顕著になり、伝統的価値観が女性の考えの中で目立たなくなった。都市生活の中では結婚相手を見つける機会も増えた。経済的繁栄によって賃金が上昇した結果、子どもをもち、育てることへの情熱も高まっていった。経済的に余裕ができた結果、子育ても、家族生活もより快適なものになっていったのだ。

テクノロジーや科学の発展によって、産業の規模も拡大して、ロンドンなど大都市の郊外にも工場が建つようになり、都市は拡大し、人々が雇用される機会や場所は増えていった。一八〇一年から五一年の間、ロンドンの人口は倍増したが、大都市の生活状態は一部で悪化していった。というのも、都市の肥大化が急速に進み、環境の整備が追い付かず人口過密な状態で暮らさなければならない都市住民も生まれた。

産業革命を経ると、イギリスの大都市は消費財があふれるほどになり、これらの商品はヨーロッパの他の地域や、また世界のその他の地域に輸出されていくことになった。

## 近代的薬学・医学の発展

薬学や医学の進歩がヨーロッパの人口増加に貢献したことはいうまでもない。近代的な薬学が発展するのは十八世紀後期のこととされている。産業革命によって都市に人口が集中するようになった結果、伝染病の危険性が増した。天然薬物から有効成分を抽出する方法が発明され、また薬物同士を合成することも行われるようになった。イギリスの植物学者で医師のウィリアム・ウィザリング（一七四一〜九九年）が強心薬としてジギタリスを抽出することに成功。イギリス人医師のエドワード・ジェンナーは産業革命進行中の一七四九年に生まれ、一七九八年に『牛痘の原因と効果の調査』という人体実験に関する論文を発表した。当時、天然痘は感染力が強く、高熱、頭痛、悪寒と体中の発疹を引き起こし、多くの人が死に至る病気だったが、ジェンナーは、牛の乳搾りをする人は天然痘に罹患する人が少ないことに注目するようになった。

ジェンナーの故郷では牛の天然痘とも言う牛痘が人にも感染し、一度牛痘にかかると、牛痘には二度とかからないし、また天然痘にもかかりにくいという言い伝えがあった。ジェンナーはこれを確認するために人体実験を行い、牛痘にかかった婦人の手の水泡から液を採取し、それを八歳の少年に接種して牛痘を発症させ、二カ月後にその少年に人間の天然痘を接種すると、少年はヒト天然痘にかからずに済んだ。つまり人の体内で人工的に抗体をつくり出し、免疫力をもたせることが可能になった。これが人類最初のワクチンの誕生である。それからおよそ二〇〇年後の一九八〇年に天然痘は地球上から根絶された。

この成功に続いてフランスの細菌学者のルイ・パスツール（一八二二〜九五年）は、狂犬病のワクチンを開発した。パスツールはジェンナーの天然痘を予防する種痘法《しゅとうほう》にワクチンという名前をつけてワクチンが他の病気にも応用できるのではないかと考え、ニワトリコレラ、炭疽《たんそ》病などのワクチンを開発していった。ニワトリコレラは家禽のコレラで、パスツールは弱毒化したニワトリコレラ菌を接種することで、この病気を予防できることを示した。また、炭疽病は炭疽菌（グラム陽性芽胞形成桿菌）の感染により引き起こされる疾患で、人間と家畜にも感染する。十九世紀後半にコッホにより培養され、やはりパスツールによってワクチンが開発された。このように広範な予防接種プログラムによってかつて一般的だった多くの感染症の発生率が劇的に減少した。

十八世紀までにオランダ・ライデンの医学校はヨーロッパから多くの学生を集めるようになり、イギリス陸軍外科医のジョン・モンローは同様な医学校をスコットランド・エジンバラに設立し、息子のアレクサンダーは解剖学の権威となった。エジンバラはイギリスの医学研究の中心となっていった。ジョン・ハンター（一七二八～九三年）は、その研究で外科を科学分野にまで引き上げることに功績があった。ロンドンの産科医のウィリアム・スメリー（一六九七～一七六三年）は一七五二年から六四年にかけて産科鉗子《さんかかんし》（胎児の頭をはさみ引き出す器具）の安全な使用方法に関する論文を発表し、多くの命を救うことになった。

ブルターニュ地方出身のルネ・ラエネク（一七八一～一八二六年）は、聴診器を発明して、心臓と肺の音による病気の診断を行った。一方、ウィーンの医師レオポルド・アウエンブルッガー（一七二二〜一八〇九年）が胸部の病気を特定する打診法を発見した。患者の胸を指で叩いて、その音調を調べてみた。胸部の病気が進行すると、肺の打診音が濁ったり、太鼓のように響いたりする。この方法が広く普及するようになるのは、一八〇八年にナポレオンの侍医長であったフランス人医師ジャン・コルヴィザールがアウエンブルッガーのドイツ語の著書をフランス語訳にして出版したのが契機で、コルヴィザールは「心臓病の診断に最も有用な方法」としてこの打診法を紹介している。

## 大都市化による衛生システムの悪化

産業革命によって都市化が進行した。たとえばリバプールは、一世紀の間に数千人規模の都市から数万人の都市に変貌していった。都市は病気と搾取の温床となり、イギリスで公衆衛生の議論を引き起こしていった。街は階級ごとに区分されるようになり、日雇い労働者たちが住む地区の居住条件は一般に悪く、間断なく移住してくる人々によってさらに悪化していった。支配階級は貧民街の様子を見ることがなく、貧民街の住宅は一つの井戸とトイレを何世帯もが共有するというものだった。

出生率が上昇する一方で、衛生状態の悪い貧民街は健康状態が悪く、死亡率や乳児死亡率が高く、また結核、発疹チフス、コレラなどの感染症の問題もあり、労働環境が劣悪な場合は肺疾患や骨変形など新たな職業病も生まれていった。都市住民の健康状態は悪化し、一八三二年にリーズではわずかに一〇％しか完全に健康な人がいないというありさまだった。

産業革命はイギリスに莫大な富と力をもたらし、イギリスを世界の超大国に押し上げることになった。産業革命によって都市は発展を遂げたが、この時期、イギリス国外からの移民労働はイタリアが顕著で、宗教人口の大部分はクリスチャンだった。イギリス北部の綿工場では多数の労働者を必要としており、イングランド、スコットランド、ウェールズ、アイルランドの農民たちは家族とともにマンチェスターなどの工業都市に移住するようになった。

イギリスでは一八二四年に団結禁止法が廃され、労働組合の結成が法的に認められるようになった。十九世紀は都市人口の増加によって、路上で食べ物を売ったり、衣料品、家庭用品などの小規模ビジネスも立ち上がったりするようになった。都市部では言語や出身地で固まって住む傾向もあり、リバプールのスコットランド・ロード地域ではアイルランド人たちが、またマンチェスターのアンコーツにはイタリア人、ロンドンではライムハウスに中国人、クラーケンウェルにはイタリア人、スピタフィールズには東欧出身のユダヤ人のコミュニティができ上がっていった。

ユダヤ人は一二九〇年にエドワード一世によってイングランドから追放されていたが、十六世紀初期よりイングランドに小規模ながら移住し始めるようになった。十八世紀半ば、イングランドのユダヤ人はたいていがロンドンに住んでいて、その数は六〇〇〇人から八〇〇〇人と見積もられている。産業革命を経た十九世紀初めになると、一万五〇〇〇人から二万人がロンドンに住み、地方には五〇〇〇人から六〇〇〇人のユダヤ人たちが住んでいたと推定されている。

## 農業生産の向上による人口増加

現在、国際社会では気候変動が重要な関心事となり、再生可能エネルギーや電気自動車などに強い関心が向けられ、様々な技術革新が行われるようになったが、この気候変動の問題は現代に限られたものではない。ヨーロッパなど北半球は、十四世紀から小氷河期（小氷期）という気候変動に陥り、農業生産が大きく落ち込んでいた。小氷河期の背景には大規模な火山の噴火により太陽光がさえぎられ、地表の温度が下がったこと、海流が変化して亜熱帯地方から高緯度の地域にもたらされる熱の供給が減ったなどの理由がある。当時も小氷河期という気候変動に対して様々な知恵や対策が採られていた。

イギリスでは、伝統的な三圃制農業（土地の地力低下を防止するため、三年に一回土地を休ませる、春耕地、秋耕地、休耕地を繰り返す農法）に代わって「ノーフォーク農法」と呼ばれる四圃制農業が採用されるようになった。四圃制農業はカブ、大麦、クローバー、小麦を輪作するもので、休耕地を置かない分だけ農業生産が上がった。カブとクローバーは家畜（牛）の餌とされ、かつ土地を肥沃にする作用をもち穀物生産と家畜飼育を組み合わせた混合農業が可能になった。カブはオランダからの移民が一六六〇年にイギリスに紹介し、乳牛や肉牛の餌となった。この四圃制農業によって土地は豊かになり、農業革命は人口革命、つまり人口の著しい増加をもたらし、労働人口の増加は産業革命による発展を支えることになった。産業革命による経済の発展は、都市人口をさらに膨らまし、その人口を支えるための農業生産のいっそうの向上が求められていった。また、土地の所有者を明確にして独占的に利用する「囲い込み」が行われ、農業経営が「ジェントリー」と呼ばれる下級地主層に代わって資本家によって行われるようになり、農業資本家は労働者を雇って農民として労働させていった。

産業革命とナポレオン戦争によって農業生産の向上がますます求められた結果、第二次囲い込みも行われ、地主、農業資本家は土地を独占し、地主が農業資本家に土地を貸し、賃金労働者が農民として雇われる資本主義的農場経営が一般化していく。

この農業革命では、土地所有を増やす農民がいる一方で、農地をもてない者もまた増えた。また、農民たちは都市市場で売りさばける農産品を優先してつくるようになる。土地をもてなくなった地方の農民の中には都市に出て行き、都市商人たちの支援によって糸や布、釘や道具をつくるようになる者もいた。交通網の発達などにより職人たちの仕事は地理的にも遠く離れた市場を意識せざるをえなかった。職人の中の指導的立場にある者は、仲間の労働者たちを賃金労働者として扱うようになる。一八〇〇年代の半ばまでにイングランド人口の半分は都市で生活するようになっていった。生産性が上がると、十八世紀の終わりには消費主義の波がやって来るようになり、地方出身の賃金労働者たちは、商業生産化された衣服を買うようになっていった。また、都市の中産階級は飛び出す絵本や学習おもちゃなどに夢中になり始めるなど、従来にはなかった文化も生まれることになった。

## イギリスの社会変化とインド市場

イギリスで蒸気機関が発明されると、これがイギリスをヨーロッパの先進国に押し上げていくことになった。他の西ヨーロッパの国々はそれに追い付くことに躍起となる。一七八一年に特許を得たジェームズ・ワット（一七三六～一八一九年）の蒸気機関によって原動機から発する動力をベルトでつなぐことで工場の機械を動かすようになり、産業革命を推進させることになった。マンチェスターに蒸気機関を動力とする紡績工場がつくられたのは一七八九年のことで、蒸気機関は産業、鉄道、汽船への利用を通じて、イギリスにエネルギー革命をもたらすことになった。

イギリスでは小さな村々が人口豊かな都市に変貌し、北部の地方には機関車のための鉄道が新たに敷かれ、河川は運河によって結ばれるようになり、河口や海峡では蒸気船が走るようになった。人口は著しく増え、中でも若年層の人口が増えて、国の労働力を支えるようになった。

マンチェスターのような産業の中心となった地域は、わずかの間に村落の集合体から数十万人が住む産業都市に変貌を遂げていった。総人口に占める都市住民の割合は増加したものの、都市住民たちは住宅や衛生設備という問題に直面するようになった。一八三〇年代以降、ガス灯が都市に設置されるようになり、夜の都市環境は改善したものの、他方で都市の人口が増えるにつれて下水道設備の改善を求める声も上がっていった。大都市郊外は住環境が改善されたために人が集まり、富裕層の中には郊外に逃れる者たちも少なくなかった。

産業革命が進展するにつれて、運輸のネットワークである、鉄道や運河も整備されていった。蒸気船は一八〇〇年直後に主要な水路を定期運航するようになり、一八四〇年までに海上輸送に蒸気船が用いられた。鉱山から石炭を運び出すための鉄道システムは一八二〇年代に都市間の輸送手段として用いられるようになり、一八三〇年にはリバプールとマンチェスターの間に線路が敷設された。

産業革命で飛躍的に商品の生産が伸びたが、イギリスには国内市場だけでなく、インド帝国という植民地市場もあった。イギリスは一七五七年のプラッシーの戦いでフランスに勝利し、インドの植民地化を推進した。イギリスでは一七六〇年代から産業革命が展開したため、これとイギリスのインド支配は密接に結びつくようになる。また、イギリスは一六七二年に奴隷貿易独占会社である王立アフリカ会社を設立し、一七一三年のユトレヒト条約でスペイン王国からアシエント（アメリカ大陸スペイン領への黒人奴隷供給契約）を獲得し、十八世紀には自国製の武器（銃）や綿織物、雑貨をアフリカに運んで、黒人奴隷と交換し、彼らを北米植民地や西インド諸島に送って奴隷として使役した。北米植民地ではタバコを、またジャマイカなど西インド諸島では砂糖やコーヒーの生産を行い、これらの製品をヨーロッパ各国に輸出して莫大な利益を得るようになった。こうした資本もまたイギリスの産業革命や資本主義発展の原資となった。

イギリスのリバプールは奴隷貿易船の拠点として繁栄した。リバプールやブリストルなど奴隷貿易で栄えた港湾都市では木綿工業も発達していった。西インド諸島からもたらされる砂糖は、イギリスで紅茶の消費が定着するにつれて欠くことができないものになっていく。イギリスの産業革命は、「インドの植民地経営」と「黒人奴隷貿易」という両輪によって支えられていた。

イギリスの綿工業はインド産の綿花を原料とするようになり、それまではインドから綿織物を輸入していたが、産業革命によって逆にインドに綿織物を輸出するようになった。家内工業を中心とするインドの綿織物産業は壊滅的状態となり、インドはイギリスに綿花と茶を、中国にアヘンを輸出するという第一次産業国家となっていった。イギリスの東インド会社は一七六五年にムガル皇帝からベンガルなどの徴税権（ディーワーニー）を与えられ、さらに一七九三年からベンガル地方ではザミーンダーリー制で地主から税を取り立てるようになり、またライヤットワーリー制では直接農民から税を徴収していった。

しかし、産業革命が進行し、産業資本家が成長すると、東インド会社の貿易独占に対する不満が増大し、自由貿易を求める声が高まった。一八一三年に東インド会社のインドでの貿易独占は廃止され、さらに中国での貿易独占も一八三三年に廃止された。

## イギリスに続く西ヨーロッパ諸国の産業革命

ワットの発明のように、動力源でイギリスは最先端を行くようになったが、西ヨーロッパ諸国で石炭の産出が豊富な地域、北フランス、ドイツのルール地方、ベルギーなどは工業生産を高めていった。ヨーロッパ大陸はフランス革命やナポレオン戦争の混乱はあったものの、フランス、ドイツ、ベルギーなどの西ヨーロッパ諸国の政府や企業はイギリスの後を追いかけ、西ヨーロッパ諸国各地で産業革命が進行するようになる。ドイツの銑鉄《せんてつ》の生産は一八二五年には四万トンだったが、一八五〇年代の初めには二五万トンとなっていった。フランスの石炭や鉄鋼の生産も同様の進歩を遂げ、一八二〇年代から五〇年代にかけて倍の量となった。一八四〇年にイギリスの蒸気機関はヨーロッパ全体の総出力八六万馬力に対して、六二万馬力を生み出すようになっており、ヨーロッパ諸国にはイギリスに追い付け、追い越せの意識が強く意識されるようになっていたことは間違いない。石炭・鉄鉱石の豊富なアルザス＝ロレーヌ地方が普仏戦争（一八七〇〜七一年）などでドイツとフランスの激しい争奪の対象となったのも、産業振興や発展のための競合が背景にあった。

当然のことながら産業化が進行すると、労働者たちは従来の家内産業とは異なって工場で働くようになった。蒸気と水力という新しい動力源の下に労働者たちが集中して働くようになり、労働力の集中によって新たな規律と専門化が進行して、生産性を上げることになった。新しい機械は高価で、小規模な工場を起ち上げるにも、資本家たちはパートナーシップを結んだり、銀行からの融資を仰いだり、あるいは合弁会社を通じて資本を蓄えなければならなかった。小規模ビジネスが依然として優勢であったものの、経営の官僚的組織は巨大企業では見られ、すでにビジネスの巨大化の傾向がこの時点で次第に現れるようになった。産業化とともに、商業の発展も見られ、村や小さな町の行商人に代わって、小規模な店舗が続々と現れるようになり、フランス・パリでは一八五二年に百貨店が誕生し、それは商業分野で大企業が生まれたことを表していた。

産業革命は農業生産の改善をもたらしていくことになった。一八五〇年代以降、工場で製造された農機具が普及するようになる。工場でつくられた大鎌が伝統的な鎌に代わり使用され、作業効率が上がっていった。イギリスでは種まき機が導入されるようになり、一八三〇年代から化学肥料も使用されるようになって生産性が上がったが、こうした農業技術の革新は、他のヨーロッパ諸国にも普及し、西ヨーロッパの農業生産の効率を高めていった。

イギリスは西ヨーロッパの産業革命の牽引車であり続けたものの、全人口の半分が都市に住むようになった。そのため伝統的な経済活動は消滅しなかったが、産業革命で生まれた新しい経済形態が急速に成長していった。こうした経済形態は他の西ヨーロッパ諸国でも誕生することになり、ベルギーやドイツの領邦国家群も一八四〇年代以降、産業革命のプロセスを順調にたどり、イギリスの水準に近づいていった。動力源としての石炭に乏しいフランスでは、たとえば家具の製造など手工業部門を工場での生産に変える試みが行われた。さらに、ベルギーやドイツに続いて北欧のスカンジナビア諸国やオランダでも一八五〇年代にイギリスのモデルに倣って産業革命が進行していくことになった。

## 世界中に普及したイギリス製武器

産業革命はイギリスの武器産業の発達をもたらし、これによってもイギリスなど西ヨーロッパ・キリスト教諸国の世界制覇が可能になった。産業革命によってイギリスの銃器が世界市場に広く普及し、十八世紀を通じてイギリスは世界で最も多くの小型武器を供給する国となった。イギリスが製造する小型武器はイギリス軍、東インド会社、またイギリスが戦争を繰り返した相手でもあるフランスのような国にも売却されていった。

イギリスの植民者や民兵、さらには北米大陸の先住民もイギリス製の武器を使用するようになった。イギリスが南アジアに進出すると、対立、反目する現地の諸勢力に武器を売って互いに戦闘を行わせた。これらの勢力の弱体化をイギリスが直接、関与せずに行うことになりイギリス支配を容易にしていった。イギリスの武器産業はイギリス植民地主義による世界支配を可能にし、世界的規模の通商も武力をともなって拡大することもあったため、イギリスの武器産業はイギリスの植民地主義の発展に貢献することになった。十八世紀のイギリスの武器産業を担ったのはバーミンガムのガルトン家だった。ガルトン家をイギリス最大の武器企業に発達させたサミュエル・ガルトン・ジュニア（一七五三〜一八三二年）は戦争が経済を発展させる動因となると考えたが、実際、十八世紀のイギリスは常に戦争を行う国家だった。

一七九三年にウイリアム・ピット首相（一七八三〜一八〇一年までグレートブリテン王国首相、一八〇四〜〇六年まで連合王国首相）がフランスに宣戦布告し、イギリスとプロイセンが一八一五年のワーテルローの戦いでナポレオンに勝利するまで、バーミンガムの武器製造業者はイギリス軍に武器を供給し続けた。

ガルトン家は、平和主義のクエーカー教徒だったために、クエーカー教徒たちからは非難を受けたが、サミュエル・ガルトン・ジュニアは、イギリスが常に戦争状態にあり、自分の事業を通じて国に貢献することは市民の義務であり、銃器は防衛と平和のために必要だと主張した。ガルトン家は戦争で利益を上げ、その利益は一七九九年には一三万九〇〇〇ポンド（現在の価値で七〇〇万ポンド〔約一二億円〕に相当）にも達した。一八〇二年から〇五年のアミアン和平（ナポレオンのフランスとイギリスの間の平和、講和条約である「アミアンの和約」によってもたらされた）の間は東インド会社に武器を供給するなどその利益は途切れることがなかった。

米国でも武器産業はキリスト教徒たちの膨張の天命を支えることになった。小型武器は先住民との戦いに必要だったたし、またメキシコとの戦争でも使用されるなどキリスト教国家である米国の領土拡大に果たした役割は大きかった。

激することにもなった。

## 産業革命と戦争で巨利を得たロスチャイルド家

また、産業革命と、ヨーロッパ・キリスト教諸国の戦争はユダヤ人の経済活動を大いに刺激することにもなった。

ユダヤ人で、最も有名な、金融業のファミリーであるロスチャイルド家は、二〇〇年にわたってヨーロッパの経済、また政治にも多大な影響を及ぼした。このファミリーは、アシュケナージ（アシュケナジム：ユダヤ系のディアスポラのうちドイツ語圏や東欧諸国などに定住した人々およびその子孫）のユダヤ系ドイツ人であるマイアー・アムシェル・ロートシルト（英語読みで「ロスチャイルド」）（一七四四〜一八一二年）によって創始され、フランクフルトで小銭商、両替商から始め、銀行業を興した。ヘッセン選帝侯ヴィルヘルム一世との結びつきで経営の基礎を築いた彼は、五人の息子たちにロンドン、パリ、ウィーン、ナポリ、フランクフルトに店をもたせて国際的銀行業を創始した。

ファミリーの名前「ロスチャイルド」はアムシェルの祖先が暮らしていたゲットーの家にあった「赤い楯」に由来する。彼は、両親が若くして亡くなったために徒弟となって働いた。アムシェルは、その後のロスチャイルド家が成功を収める手本を示した人間だった。

ロスチャイルド家に成功をもたらしたのは、フランス革命とナポレオン戦争（一七九二〜

一八一五年）だった。マイヤーと彼の長男アムシェルがフランクフルトのビジネスの成長を図る一方で、一八〇四年に三男ネイサンはロンドンに支店を開き、また五男ジェームスは一八一一年にパリで事業を開始するようになる。さらに、次男ザロモン・マイアーと四男カールは、ウィーンとナポリにそれぞれ事務所を一八二〇年代に開いた。ロスチャイルド家は全ヨーロッパに金融ネットワークを張り巡らし、その顧客にはナポレオンや各国王室がいた。ナポレオン戦争は、各国に戦争遂行のための資金の調達を必要とさせ、ロスチャイルド家は戦争の融資によって大いに潤うことになる。ナポレオンが大陸封鎖令を出すと、大陸でコーヒーや砂糖、タバコが品薄になると考え、大量にこれらの商品を密輸し、莫大な利益を得た。さらに、ロスチャイルド家は、植民地での綿の生産、武器の売却によっても巨利を得た。また、大陸とイギリスの間の資金の流れに関わることでもロスチャイルド家は経済的利益を得た。ロスチャイルド家など国際資本は、プロイセン、イギリス、フランス、あるいはナポレオン国家の安全保障にも関わるようになった。

このように、ロスチャイルド家は、産業革命やヨーロッパの経済発展、また戦争から多くの利益を得て、鉄道、石炭、鉄鋼、治金への投資を行っていった。銀行部門は一八五〇年後も拡大を続け、世界の石油や非鉄金属の貿易で重要な地位を占めるに至る。しかし、十九世紀後半に世界の銀行としての独占的地位は崩れていった。

十九世紀にロスチャイルド家は、四億ポンド（いまの日本円にして三兆円前後）の利益を上げたという推定がある。その成功は、それぞれの国や土地の銀行家たちからの妬みを買った。ロスチャイルド家の婚姻は、いとこ同士のものもあったり、あるいはユダヤ人との間で行われたりした。血縁的な結束も各国、各時代の異文化や逆境の中でロスチャイルド家の経済活動を継続できた背景となっている。

マイヤーの五人の息子たちは、オーストリアから伯爵の称号を与えられるなど名誉も付与された。また、ロスチャイルドは、初めてイギリス議会に議員を送り、イギリスで貴族になった最初のユダヤ人ファミリーだった。実際、ロスチャイルド家は、イギリスのユダヤ人社会の指導的立場にあり、ユダヤ人がパレスチナに民族郷土をつくるというシオニズムの運動にも財政支援を与えた。イギリスがユダヤ人にパレスチナでの民族郷土建設を約束したバルフォア宣言もイギリスのシオニスト（ユダヤ人の国家をパレスチナに創設するという考えをもつ人々）代表のウォルター・ロスチャイルド（イギリス・ロスチャイルド家の嫡流）に宛てられた書簡で表明されたもので、「ユダヤ人の民族郷土をパレスチナに建設することに賛成し、この目的推進のために最大限の努力をする」と宣言されていた。フランスのフィリッペ・ド・ロスチャイルド（フランス語の発音では「ロチルド」）（一九〇二～八八年）は、ムートン・ロスチャイルドのブドウ園を経営し、「シャトー・ムートン」の銘柄で著名なワイン醸造者となっていった。

　他方で、ロスチャイルド家の成功は、ユダヤの国際支配などの陰謀論によって、ヒトラーを頂点とするナチスの反ユダヤ主義キャンペーンのシンボルとされて、ユダヤ人を嫌悪する人々の恰好の攻撃対象ともなった。

## オスマン帝国を財政破綻に追い込んだヨーロッパ経済

　一八二五年から一八五二年までの間、イギリスのオスマン帝国への輸出は産業革命の結果、八倍に増加し、オスマン帝国からの輸入の四倍にもなっていた。フランスもまた十八世紀のレヴァント（東地中海）貿易によって、オスマン帝国から多くの利益を上げるようになっていく。

　産業革命によるヨーロッパ経済の拡大は、ヨーロッパ諸国の工場に供給する原料と、その製品の新たな市場を求めさせることになった。地理的に近接する中東や北アフリカは両方の必要を満たす地域で、エジプトとシリアは綿を、またアナトリア（現在のトルコのアジア側の地域）とイランはタバコを、さらにレバノンは絹をヨーロッパに供給した。ヨーロッパ諸国は関税も安く設定するように中東や北アフリカ地域に圧力をかけ、またこれらの国や地域はヨーロッパ製品の市場となっていった。

ヨーロッパ諸国から輸入される商品価値は、中東イスラム世界から輸出される商品のそれを上回るようになっていったため、貨幣価値が下がり、貿易収支の危機が増大していった。たとえば、一八四四年から一八七三年までの間、モロッコの貨幣価値は九〇%も下落した。また中東地域の財政も健全ではなくなり、モロッコやチュニジア、エジプト、オスマン帝国、イランはヨーロッパの金融市場から資金を借りるようになったが、イランを除くこれらのすべての国や地域は財政破綻状態となった。

オスマン帝国の伝統的産業やギルドは、安価で近代的なヨーロッパ製品の流入によって壊滅的状態になる。近代的な産業を興そうという試みもまた技術や知識、資本が欠如していたこともあって成功しなかった。東西の通商路もイランからロシアを経由するルートの開拓や、スエズ運河の開通によって、オスマン帝国の中心を通ることがなくなった。それにもかかわらず帝国の商業は拡大したが、しかしそれは非ムスリムやヨーロッパ諸国の人間たちが主に携わるものであった。外国人がオスマン帝国の国内貿易を担うようになり、ヨーロッパの資本が大量に流入した。また様々な利権をヨーロッパ諸国が獲得することになって、帝国はヨーロッパの植民地と化していった。

オスマン帝国はその経済を立て直すには税制があまりに腐敗して、老朽化していた。十九世紀になると、ヨーロッパ諸国がオスマン帝国領であったバルカン半島の諸国の独立を支援したこともあって、経済的に豊かなヨーロッパ地域を喪失した。それにもかかわらず、オスマン帝国の財政は巨大な官僚機構、陸軍や海軍、また宮廷の奢侈を支えなければならなかった。財政破綻、また貿易収支の赤字によって、帝国は貨幣価値を落とし、紙幣を大量に発行したが、それによって経済状態はいっそう悪化した。一八五四年からオスマン帝国は主にフランスやイギリスから借款を受けるようになったが、それによって莫大な利子を支払わなければならなくなり、結局一八七五年に帝国の財政は破綻し、元利償還不能状態に陥った。

債権者であるイギリス、フランス、オランダ、ドイツ、オーストリアとオスマン帝国の債権保有者代表で債務管理局をつくった。この債務管理局は、塩・タバコの専売税、印紙税、酒税、生糸税、漁業税を徴収するようになり、ヨーロッパ諸国が実質的にオスマン帝国の財政を牛耳ることになった。経済の従属がオスマン帝国自体の政治的独立や主権の維持を危うくするものであることに帝国の指導者たちが気づくには遅かった。

支配層の奢侈もあったが、十九世紀に中東イスラム諸国政府が破産状態になったのは、ヨーロッパ諸国からの遅れを感じたイスラム諸国が軍隊や官僚機構、またインフラをヨーロッパのように整備しようとしたこともあった。オスマン帝国のスルタンなど為政者たちは、軍隊や官僚機構の近代化を図り、鉄道、港湾、道路などを建設し、灌漑施設を整備していった。これらの事業は通常の税収ではまかなうことができず、いきおい外国からの借金に頼らざるをえなかった。

中東イスラム諸国に駐在するヨーロッパの財務官たちの職務は、いかにこれらの国に借金の返済を行わせるかにあった。こうした財務官たちが増税などの措置に訴えると、現地ではそれに対する反発の声が高まっていくことになった。

中東での市場の拡大を図るイギリス、フランス、ロシア、イタリアは、オスマン帝国に影響力を浸透させることで競合していった。ヨーロッパ諸国の商人や船主の背後にはこれらの国の大使や領事たちがいて、本国政府による軍事活動を支援した。ヨーロッパ商人たちは十九世紀半ばまでに強力な経済関係をオスマン帝国など中東諸国と築いていった。オスマン帝国はヨーロッパ・モデルの経済体制に変質し、オスマン帝国のトルコ人やアラブ人たちはヨーロッパ経済にますます依存せざるをえなくなっていった。

エジプト経済は、ヨーロッパの経済進出によって破産状態に陥ったが、それがイギリスによるエジプトへの軍事進出を招いたと言える。一八八二年にイギリスのグラッドストーン首相はイギリス軍がエジプトに侵攻することを命じたが、それに始まるイギリスのエジプト支配は、エジプト経済を発展させて自国の利益に役立てようとするものだった。たとえば、スエズ運河の建設は、イギリスなどヨーロッパ諸国を経済的に潤すことになった。一八八一年までにイギリスは運河から上がる収益の八〇%を取り、またスエズ運河以東の地域からイギリスに輸送される物資の三分の二は、スエズ運河を経由するものとなった。インドとの貿易の半分もスエズ運河での運搬を通じて行われていた。イギリスにとってスエズ運河は「インドへの道」として生命線であったし、イギリスの輸出品の市場としてエジプトは重要であった。エジプトで生産される綿は、ランカシャーの綿織物工場に向けられていった。このように産業革命は、ヨーロッパ・キリスト教世界とイスラム世界の力関係を逆転させることになり、イスラムの世界帝国であったオスマン帝国は没落して、第一次世界大戦で敗北した結果、イギリス・フランスによって分割支配されることになった。十九世紀以降、欧米の世界支配の構造は現在に至るまでも変わらぬままである。

## イギリスに移住するムスリムの歴史

現在、イギリスには三〇〇万人近いムスリムたちが暮らしていて、イギリスではキリスト教に次いで二番目に多い宗教社会となっている。ムスリムのイギリスへの移住もやはり産業革命と結びついていて、イギリスでは、産業革命によってインドに市場が拡大すると、それにともなってインドのムスリムもイギリスにやって来ることになった。ラスカルと呼ばれる東インドの水夫のムスリムたちが、ロンドン、カーディフ、グラスゴー、リバプール、マンチェスターなどイギリスの港湾都市などに住み着いた。

十九世紀半ばまでに一万人から一万二〇〇〇人のラスカルがイギリスで暮らしていたと見積もられている。ほとんどがインド出身だったが、水夫の中にはトルコ人、アラブ人、ソマリ人、マレー人などもいた。さらに十九世紀末になると、インド人やアラブ人の留学生も見られるようになり、イギリスでは二万人余りのムスリムが生活するようになっていた。

イギリス最初のムスリムのコミュニティは、やはり港湾都市にでき上がっていった。たとえば、十八世紀末にはマンチェスターには四つのアラブの貿易商が軒を並べていた。一八三八年にイギリスはオスマン帝国との間にバリタ・リマヌ条約を結んだが、この条約はイギリス商人のオスマン帝国領内での特権的通商貿易と、イギリスによる課税率の決定、領事裁判権をイギリス側に認めさせるなど不平等な内容を含んでいた。これは、イギリスがその後アジア諸国と結ぶ通商条約のひな型となる。一八九〇年にはマンチェスターにおけるアラブ人の貿易商は大小合わせて四〇〇社にまで膨らんでいった。オスマン帝国との通商関係が拡大していくと、帝国のアルメニア人商人やユダヤ商人たちの交流も広がり、彼らの中にもまたイギリスに住み着く者たちが現れていった。

モロッコの布地商人たちも一八三〇年代以降、マンチェスターに住み着くようになり、自宅の近隣に簡易なモスクやハラール料理店をつくっていった。一八六九年にスエズ運河が開通すると、イギリスの貿易はいっそう活発になり、ソマリ人労働者たちがカーディフ、リバプール、ロンドン、ポロックシールズなどに移住してきた。ソマリ人と並んでスエズ運河が開通してイギリスに移住しやすくなったのはイエメン人で、イギリス最大のムスリム・コミュニティを築いていった。現在では七万人から八万人のイエメン人たちがイギリスで暮らしていて、イギリスでは最も歴史の古いムスリム・コミュニティだ。

最初のモスクが一八八九年にロンドン近郊のウォキングにユダヤ人の元パンジャブ大学事務局のゴットリーブ・ライトナーによって設立された。一八九九年にライトナーが死去すると、使用されなくなったが、一九一二年にインド出身の弁護士であるフワラジャ・カムルッディーンによって活動が復活した。

マンチェスターのモロッコ移民たちは一九三六年までにモロッコのフェズに帰還してしまったが、マンチェスターの地元紙「マンチェスター・シティ・ニューズ」（一九三六年十月二日付）は小さいながらも活気に満ちたモロッコ社会が、モロッコに帰還したことを嘆く記事を掲載している。オスマン帝国のシリア州出身者たちにもムスリム、ユダヤ人、クリスチャンたちがいた。マンチェスター・シリア協会も第一次世界大戦の勃発に際して設立されている。イギリスで最も早い時期のイスラムへの改宗者の一人であるロバート・ラシード・スタンレー（一八二八〜一九一一年）はカーディフの茶の貿易商の家に生まれ、グレーター・マンチェスターのスタリーブリッジ市の市長を二期にわたって務めた。

# V ヨーロッパ・ナショナリズムと宗教

ヨーロッパ・ナショナリズムのアイデンティティーの核となったのはそれぞれの国の言語とともに、キリスト教文化であった。ヨーロッパでは一つの国は同一の国民によって構成されるという国民国家（ネーション・ステート）の考えが根づいていったが、キリスト教とは異なる宗教を信ずるユダヤ人はヨーロッパの国民とはなれなかった。十九世紀、ナショナリズムの考えに基づいてドイツではドイツ語を話す領邦国家が集合して統一ドイツ国家をつくり上げていき、ドイツ・ナショナリズムの発展とともに、ユダヤ人排斥の考えも次第に強まっていった。

二十世紀、ドイツは第一次世界大戦や世界恐慌の混乱の中で、国民が自信を喪失し、強い閉塞感に覆われるようになったが、その中で優秀なゲルマン民族の栄光を説くヒトラーのナチズムが生まれ、国民を熱狂させた。ナチズムはユダヤ人排斥を強烈に訴え、ユダヤ人たちを絶滅収容所に送り、六〇〇万人とも見積もられるユダヤ人虐殺（ホロコースト）を行った。ヨーロッパ・ナショナリズムはキリスト教がイスラムなど他の宗教よりも優れていると考え、アフリカ・アジアの植民地の拡大とともにキリスト教の伝道活動も広がっていった。

本章ではキリスト教をアイデンティティーの中心とするヨーロッパ・ナショナリズムの成長過程を追うとともに、ユダヤ人を排斥しながらも、イスラムとは協力することもあった複雑な様相や、さらには現代のヨーロッパ・ナショナリズムが主にイスラムを排除し、極右勢力が求心力をもつ姿も紹介しながら、中東イスラム世界でも見られるナショナリズムがもつ危険な側面を考察、明らかにしたいと思う。

## 戦争の悲劇をもたらすナショナリズムというイデオロギー

七月十四日はパリ祭（フランス国民祭）で、日本ではフランスの歌謡であるシャンソンが歌われるイベントも行われてきた。「パリ祭」という名称は日本だけのもので、フランスでは「七月十四日」とも呼ばれる国民の休日となっている。一七八九年のフランス革命の発端となったパリのバスチーユ監獄襲撃事件がこの日に発生し、その一年後の一七九〇年に建国記念日の式典が行われたことが「パリ祭」の起源となっている。

現代の紛争を起こすイデオロギーともなるナショナリズムは、このフランス革命によって生まれた。フランス革命を契機に共和政への道が開かれたが、国民には兵役の義務が課せられて国民軍が形成され、フランスという国家的枠組みに住む人々は「フランス国民（ネーション）」という自覚をもつようになった。

フランス革命とその後のナポレオンによるヨーロッパ大陸制覇は、ヨーロッパにナショナリズムの潮流を広くもたらし、ドイツやイタリアではフランスに対抗しようとして同じ言語を話す人々による国家統一事業も生まれた。しかし、ドイツ、イタリアは国家の統一が遅かったために、政府による強引な方法で富国強兵策が図られ、普仏戦争や第一次世界大戦の要因ともなっていった。イギリスやフランスなどは競うかのようにアジアやアフリカに植民地を獲得していったが、新興のドイツやイタリア、さらには日本がその競争に割り込んでいって、第二次世界大戦という大惨禍をもたらすことになった。

ナショナリズムの考えによって国家とは同じ言語、文化、歴史、価値観を共有する人々（一つの民族）によって構成される「国民国家」という考えがヨーロッパ社会に広まっていったが、クリスチャンではないユダヤ人はヨーロッパのキリスト教国家体系から排除されることになった。ヨーロッパ・ナショナリズムは言語やキリスト教の宗派の相違こそあれ、共通項はキリスト教の信仰だった。

為政者たちは国内の経済的矛盾、強権的政治、腐敗などの矛盾から国民の目をそらすために国民のナショナリズムの感情に訴えた。ヨーロッパで発展したナショナリズムは愛国心とか、国家への忠誠をいっそう強めた感情だった。また、自国の利益を他国のそれよりも高いところに置く思想、イデオロギーである。

二〇一九年九月一日、ドイツのシュタインマイヤー大統領は、ナチス・ドイツがポーランドに侵攻して第二次世界大戦が始まってちょうど八〇年となった日に、ポーランド・ワルシャワで開かれた記念式典で「我々は我が国が犯した罪を忘れず、伝えていく。ナショナリズムの高まりを、人々への憎悪を二度と繰り返してはならない」と述べた。ヒトラーのナチズムはキリスト教を核とするドイツ民族の自民族中心のナショナリズムであり、ドイツ民族が他の民族よりも優れ、いずれ世界を支配していくという発想をもち、またヨーロッパからユダヤ人がいない状態を「人種的健全」と考えた。

日本はヨーロッパのナショナリズムの後を追い、明治維新以降、富国強兵政策を追求し、日清・日露戦争、さらには第一次世界大戦で連合国側について参戦して勝利したものの、ヨーロッパ・キリスト教世界の仲間入りを果たすことはできなかった。一九一九年二月に開かれたパリ講和会議の国際連盟委員会において、日本の全権だった牧野伸顕が国際連盟規約に「人種的差別撤廃条項」を盛り込むように要求するなど、アジアの国である日本は欧米キリスト教世界中心の世界秩序に反発していた。

ナショナリズムの克服には「我々は協力して取り組むべき課題がある」という意識を高めることが必要だが、人類がナショナリズムを超克できないことは二〇二二年にロシア第一主義によってウクライナ侵攻が行われたり、ユダヤ人の国イスラエルがアラブ人を排除して、アラブ人のパレスチナ国家を認めなかったりすることにも現れている。

## ヨーロッパで急速に進んだユダヤ人差別と排斥

ユダヤ人人口の推移についてはジョセフ・ジェイコブズの『ユダヤ百科』の「統計」に詳細なものがあり、そこに中世においてユダヤ人が追放された人数が具体的に記されてある。一二九〇年に一万六〇〇〇人のユダヤ人がイングランドから、一三九六年に一〇万人がフランスから、一四九二年には二〇万人のユダヤ人がスペインから追放となっている。十六世紀に入る頃には、フランクフルト・アム・マインに二〇〇〇人、ヴォルムス（ドイツ西部のラインラント＝プファルツ州にある都市）に一四〇〇人、プラハに一万人、ウィーンに三〇〇〇人のユダヤ人が居住していて、西暦一〇〇〇年から一五〇〇年の間、三八万人のユダヤ人が迫害によって殺害され、一五〇〇年には世界全体ではユダヤ人の数は一〇〇万人となっていた。また、十六世紀、十七世紀のユダヤ人の中心はポーランドと、ユダヤ人を完全に追放したスペインを除いた地中海諸国だった。

ローマ帝国がキリスト教を国教として、それ以外の宗教を禁じてからヨーロッパではユダヤ教が差別や迫害の対象となった。ユダヤ人たちはキリスト教が禁じる金貸し業にも従事し、その成功はキリスト教徒たちからのやっかみを買うことになった。

ユダヤ人たちは、二五〇年にパレスチナから追放され、一九四八年にイスラエルが建国されるまで、ヨーロッパにおいて八〇回以上の追放を受けた。イギリス、フランス、オーストリア、ドイツ、リトアニア、スペイン、ポルトガル、ボヘミア、モラヴィアから放逐されたのだ。

ユダヤ人たちがヨーロッパ社会で嫌われた理由は多々あり、前章で紹介したロスチャイルド家のように、経済的に成功したことへのやっかみや、また「選民思想」に訴えたことが傲慢と見られ、さらにヨーロッパで困難なことが発生すると、差別や偏見から容易にその責任がユダヤ人に転嫁されるようになっていたことなどが挙げられる。また、ユダヤ人はキリストの処刑に関わった民であると見なされ、ヨーロッパ・キリスト教世界にある人種主義的な発想もユダヤ人差別を助長した。ヒトラーはユダヤ人を人種ととらえ、キリスト教を受容したゲルマン民族などアーリア人種を人類の中で最も優れた人種と見なし、他方、ユダヤ人は最も劣等な人種であるという主張を繰り返した。しかし、実際は、ユダヤ人は人種ではなく、中東や北アフリカのユダヤ人たちはアラブ人のように茶褐色の肌をしているし、それに対して東欧系のユダヤ人は白人のような肌の色をした人が多い。ユダヤ人とはあくまでユダヤ教を信仰する人々のことだ。

ユダヤ人たちの「選民思想」は、他者よりも優れているとうぬぼれるもので、「鼻持ちならぬ」という感情をキリスト教徒たちにもたれることになった。人口的にはヨーロッパで少数派であったユダヤ人たちは、教義によって許容された食材が手に入る地域に集中的に住み、安息日がクリスチャンたちとは異なるなどの宗教習慣をもっていることでキリスト教徒たちから敬遠された。

## ヘイト問題に共通するドレフュス事件の心理的構造

一七八九年に「自由」「平等」「博愛」の精神によるフランス革命が起きても、ユダヤ人は差別や偏見の対象であり続けた。

十九世紀末のフランスで起こったドレフュス事件は、フランスの歪んだナショナリズムから発生したもので、フランス国内のユダヤ人差別が冤罪を生むことになった。一八九四年夏、フランス軍参謀本部からパリのドイツ大使館に送り込まれたスパイが、フランス陸軍の人物が書いたと思われるフランス軍の機密に関する文書を発見した。参謀本部付の砲兵隊大尉アルフレッド・ドレフュス大尉は十月十三日に逮捕され、同年十二月に軍の機密を敵対するドイツに漏洩した国家反逆罪として終身刑の有罪判決を受けた。

パリのドイツ大使館で見つかったフランス軍の機密情報を伝えるフランス軍関係者による密書はユダヤ人であるドレフュス大尉が書いたものであるというねつ造が行われ、冤罪事件として発展していった。

フランス革命では、自由と平等、博愛がユダヤ人たちにも保障されたが、しかし権利の保障はユダヤ人たちが伝統的な習慣や、宗教的アイデンティティーを放棄することが条件とされた。フランスで生まれたナショナリズムの思想は、宗教的というよりも、人種的な差別をユダヤ人たちにもたらすことにもなり、科学者の中にはユダヤ人たちがアーリア人種より劣っているという理論をつくり出す者たちも現れた。

ドレフュス大尉が疑われたのは、ドイツと争奪を繰り返すアルザス地方出身のユダヤ人であるという理由が大きかった。反ユダヤ主義の新聞は「ユダヤの売国奴、逮捕さる！」などの見出しをつけて、ドレフュス大尉の逮捕を報じた。終身刑の有罪判決を受けたドレフュス大尉は、一八九五年一月五日に練兵場で軍服の襟の階級を表す徽章を外され、彼のサーベルはへし折られた。そしてフランスからはるか離れた南米のフランス領ギアナ沖にあるディアブル島（悪魔島）に送られた。

一八九六年、新たに参謀本部情報部長になったジョルジュ・ピカール大佐は事件を調べ直し、ハンガリー出身のフェルディナン・エステラージー少佐がドイツ大使館の諜報員と連絡を取り合っているという情報を得て、筆跡鑑定を行ったところ、唯一の証拠である文書のメモと筆跡が一致することが判明した。ところが、陸軍大臣以下の軍上層部は、軍事裁判の権威を守るために、ピカールを中佐に降格し、さらにチュニジアに左遷して、エステラージーを不問に処した。

有罪判決を覆そうとする動きは当初ドレフュス大尉の家族などわずかだったが、後に首相となるジョルジュ・クレマンソーなどがドレフュス大尉を擁護した。彼が主幹する日刊紙「オロール（L'Aurore）」は、文豪のエミール・ゾラの「私は弾劾する」というフェリックス・フォール大統領に宛てた公開書簡を一八九八年一月十三日付で掲載した。その中でゾラはドレフュス大尉がフランス社会における「汚いユダヤ人」という偏見の犠牲者であることを強調し、軍部の不正と虚偽の数々を非難・糾弾した。エミール・ゾラはイタリア移民の子で、中学の時にいじめられていたところを後に画家として有名になるセザンヌが助けたというエピソードがある。ゾラはフランスのマイノリティであるユダヤ人のドレフュス大尉の無罪を主張し、ドレフュス事件に関連して発行したパンフレット『フランスへの手紙』の中で「沈黙は共犯」という言葉を使って不正に対して声を上げないフランス国民への非難の思いをにじませた。

一八九九年七月十八日に「ル・マタン」紙が唯一の証拠であるドイツ大使館で見つかった密書の筆跡鑑定が再度行われた結果、筆跡はドレフュスではなくエステラージーのものであることが判明したとすっぱ抜くと、ドレフュス大尉の冤罪の主張に対する支持が広まっていった。

一八九九年八月にレンヌで軍法会議の再審が開始されたものの、ここでも無罪ではなく、情状酌量で禁固十年の判決となった。政府内の共和派はドレフュス大尉の救済に動き、共和派の助言もあって再審請求を取り下げること、つまり有罪を認めることで、大統領特赦が与えられ、九月十九日にドレフュス大尉は釈放された。それでも彼は無実を訴え続け、一九〇六年にようやく無罪判決が下された。しかし、フランス軍がドレフュス大尉の無実を認めたのは逮捕から一世紀余り経過した一九九五年のことであった。軍隊組織の体面がドレフュス大尉の無罪を頑迷なほど認めなかったのだ。

この事件の取材をしたハンガリー・ブダペスト生まれのユダヤ人ジャーナリスト、テオドール・ヘルツルは、フランスに忠誠を誓ったドレフュス大尉がユダヤ人であるということだけで冤罪の濡れ衣を着せられたことに大きな衝撃を受け、小冊子『ユダヤ人国家』でユダヤ人差別の解消のためにはパレスチナにユダヤ人国家を創設することが必要であるというシオニズムの思想を説き、それがイスラエル国家成立の背景となった。ドレフュス事件は現在のパレスチナ問題の遠因になったとも言えよう。

## 正教会の信仰が生んだパン・スラブ主義

ゲルマン系民族と衝突し、第一次世界大戦の原因となったパン・スラブ主義のイデオロギーはロシアや東欧のスラブ系民族の統一や発展を考えたもので、スラブ系民族のアイデンティティーの中心にはキリスト教の正教会の信仰がある。第一次世界大戦前のパン・スラブ主義のイデオロギーでは、ロシアの帝国主義的使命は他のスラブ系民族の支持なしには達成しえないことが説かれ、オーストリアとオスマン帝国の支配から解放されて、ロシアが主導するスラブ系民族の連邦を実現すべきことが主張された。

パン・スラブ主義のイデオロギーはロシアがオスマン帝国に勝利した露土戦争（一八七七～七八年）によってさらに強い動機や刺激が与えられることになった。オーストリアとオスマン帝国におけるスラブ系民族の独立が訴えられていったが、多民族国家のオーストリアはこの運動がその国家的枠組みを損なうのではないかと強く警戒した。

パン・スラブ主義はロシアの政策決定者たちを奮い立たせ、正教会の信仰をもつセルビアへの思い入れからオーストリアとの敵対が明確になっていった。ロシアはセルビア人と正教会の擁護者であることを歴史的にも自任し続けてきた。第一次バルカン戦争は、一九一二年十月にモンテネグロがオスマン帝国に宣戦布告したことによって開始され、セルビア、ブルガリア、ギリシアもモンテネグロに従った。いずれも正教会の信仰をもつ人が多数を占める国々で、第一次バルカン戦争は正教会vsイスラムという様相を見せていた。一九一三年五月、列強は停戦案を提供し、マケドニアはバルカン諸国で分割し、クレタ島はギリシアに与えられ、アルバニアは独立が認められた。

ところが、陸に閉ざされたセルビアはマケドニアのより多くの領土を要求し、これに反発してブルガリアがセルビアとギリシアを攻撃、一九一三年六月に第二次バルカン戦争が始まった。ブルガリアの強大化を恐れたオスマン帝国、モンテネグロ、ルーマニアがセルビア・ギリシア側についたためブルガリアは孤立し、敗北した。一九一三年八月にブカレスト講和条約が成立し、ブルガリアはかつてのオスマン帝国領だった土地のほとんどを失い、ドブロジャ地方南部をルーマニアに割譲した。他方で、セルビアは領土を倍にして、ボスニア・ヘルツェゴビナに対する領土的野心を露《あらわ》にしていった。領土を縮小させられたブルガリアはオーストリアとドイツに接近するようになり、このバルカン諸国の対立の構図はそのまま第一次世界大戦の同盟関係となっていった。

一九一四年六月二十八日、ハプスブルク家の皇位継承者であるフェルディナント大公夫妻がボスニア・ヘルツェゴビナのサラエボを訪問すると、一九歳のガヴリロ・プリンツィプ（一八九四～一九一八年）によって射殺された。プリンツィプはセルビアの民族主義的秘密結社・黒手組《くろてぐみ》によって訓練を受け、バルカン半島におけるオーストリア＝ハンガリー二重帝国の支配を終わらせ、スラブ系民族による統一国家を築くには、ハプスブルク家の王室のメンバーや帝国の政府高官を殺害することが必要だと信じていた。フェルディナント大公夫妻の暗殺によってセルビアのスラブ・ナショナリズムは頂点に達し、主にロシアとオーストリア、ドイツとの対立によって第一次世界大戦となった。

軍国主義と帝国主義はヨーロッパ諸列強に戦争への野心を与え、またナショナリズムとセンセーショナルなメディアは大衆の憤懣や熱狂をかき立てていったが、バルカン半島での対立から、戦死者がおよそ一〇〇〇万人とも見積もられ、戦車、ガス、戦闘機などが投入されるなど兵器の開発がいっそう進んだ第一次世界大戦という人類史上未曾有の世界戦争に至ることになった。また、時代が下って一九九〇年代には宗教的相違がことさら強調され、旧ユーゴスラビアのボスニア・ヘルツェゴビナではセルビア人による「民族浄化」も行われた。このボスニア紛争の当事者は、スラブ系民族の東方正教会キリスト教、クロアチア人のローマ・カトリック、またイスラムであった。

## ナチス政権直前のユダヤ人の人口統計

一九三三年六月十六日の国勢調査によれば、ドイツのユダヤ人人口は国際連盟管理地域のザール地方を含めておおよそ五〇万五〇〇〇人だった。ドイツ全人口が六七〇〇万人だったから〇・八％にも満たない。一九三三年一月には五二万三〇〇〇人だったからユダヤ人人口は数カ月で一万八〇〇〇人減少したことになる。その背景にはナチスが一九三三年一月に政権をとったことと関係があることは間違いない。当時、ドイツに居住するユダヤ人のうち八〇％がドイツ国籍をもち、残りはポーランド国籍で、ドイツの永住権をもっていた。

ユダヤ人の七〇％が都市部に住んでおり、一六万人がベルリンで、フランクフルト・アム・マインに二万六〇〇〇人、ブレスラウ（現在のポーランドのヴロツワフ）に二万人、ケルンに一万五〇〇〇人、ハノーヴァーに一万三〇〇〇人、ライプツィヒに一万二〇〇〇人といった具合に大都市に住んでいた。

ヒトラーの反ユダヤ主義は彼が青年時代を送ったオーストリア＝ハンガリー帝国の首都ウィーンでの体験と無関係ではない。ウィーンは多民族社会で、支配民族であったドイツ人たちはチェコ人やハンガリー人の民族運動に脅かされていた。また、ウィーンには伝統的な反ユダヤ主義の系譜もあった。

ヒトラーは、ドイツ人などアーリア人種の優越を説き、ユダヤ人は世界で最も劣る人種であることを喧伝していった。ヒトラーが嫌う共産主義によって起こったロシア革命の指導者たちにユダヤ人が多かったと、資本家や中間層の脅威を煽り、またユダヤ国際資本が世界を支配しようとしていると大衆に訴えていった。ユダヤ人は既述の通り人種ではなく、ユダヤ教を信仰する人々で、人種的には様々な人々によって構成されていた。ユダヤ教を信仰する人々はドイツなどヨーロッパにも居住し、またイランやイラクにも多数住んでいた。イスラエルが独立した一九四八年にはイランに一〇万人から一四万人のユダヤ人が生活していた。国際連盟の委任統治を行っていたイギリスによれば、イラクのユダヤ人人口は、全人口二八四万九二八三人のうち八万七四八八人だった。バグダードでは全人口の二五万人のうち五万人がユダヤ人だった。

ヒトラーは『我が闘争』の中でユダヤ人を邪《よこしま》な人種としてとらえ、ナチスの反ユダヤ主義は、ヨーロッパに旧来あった「反セム主義」という宗教的な偏見に、人種的な蔑視を加えていった。ナチスの政治的で、人種的な「反セム主義」はドイツなどヨーロッパ世界からのユダヤ人の放逐を考えるもので、究極的目的は「絶滅」となった。

ヒトラーによれば、ユダヤ人は彼の好まない前衛芸術、ポルノグラフィー、売春など、あらゆることに責任があった。ユダヤ人は第一次世界大戦でドイツを敗北に導き、ドイツ最大の政党であるドイツ社会民主党を支配していると主張した。ヒトラーは、共産主義者の七五%がユダヤ人であると語り、彼の考えではロシアでは共産主義者とユダヤ人の共謀が成功しており、他のヨーロッパをも脅かすようになったと訴えた。

反ユダヤ主義はドイツで次第に高揚していく。ドイツ人の経営する商店やレストランの多くでは、「ユダヤ人はお断り」「ユダヤ人は自己責任で入ること」などの表示が現れるようになった。ドイツの一部の地域では、ユダヤ人は公園やプールに入ることも禁じられ、公共の交通機関も利用できなくなった。

さらに、SA（突撃隊：Sturm Abteilung）のメンバーは、人々にユダヤ系企業で生産されたものを買わないように促した。収入の道を閉ざされたユダヤ人はドイツを離れることになった。一九三五年に市民・人種に関するニュルンベルク法が制定されると、ドイツを去るユダヤ人はさらに増加した。この法律の下でユダヤ人はドイツの市民権をはく奪され、ユダヤ人とドイツ人の通婚も禁止された。

ヒトラーは「一つの民族、一つの総統、一つの帝国」を訴え、ドイツ民族の優秀性をアピールし、「劣等なユダヤ民族」をヨーロッパから排除することを訴えた。「我々が今日もっている人類文化、芸術、科学および技術の成果はほとんど専らアーリア人種が創造したものである。アーリア人種は人類のプロメテウスであってその輝く額からいかなる時代にも常に天才の精神的な火花が飛び出し、神秘の夜を明るくし、人類をこの地上の生物の支配者とする道を登らせた」（ヒトラー『我が闘争』）

ナチス政権が成立したのは一九三三年だったが、ユダヤ人の影響を排除しようとしたにもかかわらず、政権成立後五年経った一九三八年初頭においてもユダヤ人のドイツ経済における活動には根強い影響があった。一九三八年時点でも一九三三年のユダヤ人人口の半分もドイツから追放することができなかった。第二次世界大戦開始直前の一九三八年から三九年にかけてナチス政権はドイツ国内のユダヤ人の財産没収、移住の強制などの措置がＳＳ（親衛隊：Schutzstaffel）などによってより徹底的にとられるようになった。

しかし、一九三九年九月にドイツがヨーロッパ最大のユダヤ人人口を抱えるポーランドに侵攻すると、数百万人のユダヤ人をその支配下に抱えるようになった。ヒトラーは、シオニズムはヨーロッパからユダヤ人がいなくなる状態をつくるイデオロギーとして肯定的に見ていたが、しかしパレスチナは一〇〇〇万人以上のユダヤ人たちの移住先としてふさわしくないという考えが生まれ、アフリカ東方に浮かぶマダガスカル島なども移住先として検討された。しかし、ここでも輸送の問題などの障害があり、一九四二年一月二十日、ベルリン郊外ヴァンゼー湖畔の山荘での会議で、ユダヤ人たちのポーランドなど東方への移送、収容所における強制労働、さらには絶滅などの措置が検討され、結局六〇〇万人のユダヤ人が「絶滅」の対象となった。

## ヒトラーが掲げたイスラムへの宥和政策

ヒトラー政権のドイツではアーリア人種が優れているというナショナリズムの台頭もあって国内のマイノリティであるユダヤ人に対しては冷酷とも言える政策を採ったが、ヒトラーはそれとは真逆にイスラムとは宥和を強調した。

ドイツとイスラム世界の関係は歴史的にも良好に推移してきたと言え、文化的には、ゲーテは『クルアーン』やイラン文学を称賛したし、イランの詩人サーディー（一二一三頃～一二九二年）の詩もドイツでは愛好されてきた。

ナチス・ドイツの側に立って戦ったムスリム兵士が数十万人もいたこともあまり知られていないだろう。

一九四一年から四二年にかけてドイツが、ムスリムが多数いる地域であるバルカン半島、北アフリカ、クリミア、カフカス、中東、中央アジアに軍事的に進出すると、ドイツにとってムスリムとの同盟がイギリス、ソ連、米国、ユダヤ人に対抗する上で重要となった。

東部戦線ではナチス・ドイツはソ連軍が破壊したモスク、礼拝室、マドラサ（イスラムの宗教学校）の復興を行い、ムスリムたちの支持を得ようとした。一九四一年以降、ドイツ国防軍やSSは、数十万人のムスリムを徴募した。ナチス・ドイツはムスリムに配慮して、一九三三年の動物保護法があったにもかかわらず、イスラムの儀式（イード・アル・アドハー）による牛や羊の屠殺を許可した。ユダヤ人虐殺など残虐なイメージのあるナチス・ドイツだが、動物の愛護には熱心であった。

ナチス・ドイツとすれば、反ユダヤ主義（反セム主義）にムスリムを利用したい意向があった。本来、イスラムの教義ではユダヤ人は税金を納めれば保護しなければならない存在だが、先住のアラブ・ムスリムたちが生活するパレスチナへのユダヤ人の移住を進めるシオニズム運動はムスリムの反感を買うものだった。政治的な感情からアラブ・ムスリムたちはナチスの反ユダヤ主義に同調していった。エルサレムの大ムフティー（最高位法官）のアミーン・フサイニーは、ナチスの力を借りてパレスチナからユダヤ人を駆逐することを考えた。

しかし、バルカン半島や北アフリカなどではユダヤ人を隣人として生活してきたムスリムもいて、ナチスの迫害からユダヤ人たちを逃亡させたり、かくまったりする者たちもいた。

一九四一年から四二年にかけて戦況が不利になると、ムスリムとの連帯はますます不可欠なものになり、イスラムに、より配慮した政策を行っていった。ムスリムたちがナチスの軍隊に身を投じたのはサイクス・ピコ条約に見られるような英仏やロシア（ソ連）の帝国主義的進出を受けたことに動機づけられた要因は大きい。また、ヒトラーと同じように無神論の共産主義に対する反発や、さらには家族を養うという経済的動機もあった。

ヒトラーや全国親衛隊代表ハインリヒ・ヒムラーは、ことあるごとにイスラムを称揚していた。カトリックを柔弱な宗教であると断言したのに対して、イスラムを強力で、武闘的宗教だと称えた。トルコ人をアーリア人種と見なし、イラン人を名誉アーリア人種として、またアミーン・フサイニーなどナチスに貢献したアラブ人には個々にアーリア人の地位を与えていった。ナチスが本来アーリア人としたのはインド・ヨーロッパ語族に属す白人種で、長身、痩せ型、金髪、青い目の特徴をもつとしたのだが、ナチス占領下の北アフリカでは、ナチスの弾圧から逃れるためにユダヤ人やジプシーからイスラムに改宗する者たちまで現れた。

ヒトラーやナチスのイスラム政策は宗教的、あるいは信条的なものではなく、あくまでナチス・ドイツの国益を最優先したご都合主義であったことはまぎれもない。

## パリの大モスクにユダヤ人たちをかくまったムスリム

フランスは、第一次世界大戦、第二次世界大戦でイスラムをその戦争遂行努力のために利用してきた。フランスは第一次世界大戦で六〇万人の兵士をフランス植民地から動員し、セネガルのムスリムたちによって構成される「セネガル狙撃兵」と呼ばれる部隊には一万五〇〇〇人の兵士たちがいた。

一九二六年にはパリの大モスクを完成させて、数万人のムスリムが第一次世界大戦でフランスのために戦死したことを追悼し、大モスクがフランスとイスラムの友好の永遠のシンボルになることが強調された。大モスクには「ムスリム協会」がつくられ、パリのムスリムたちに支援を与えることを訴え、新たな移民たちにも支援の手を差し伸べるとされた。

パリの大モスクの初代イマームとなったのはアルジェリア出身のアブデル・カーデル・ベンガブリト（一八六八〜一九五四年）だったが、彼は、第一次世界大戦中、フランスのムスリムたちがメッカへの巡礼（ハッジ）を障害なく行えるように、オスマン帝国に反旗を翻したマッカ（メッカ）の太守フサイン・アリーと交渉を行った。第一次世界大戦中、フランスの戦争に参加したムスリムは二五〇万人とも見積もられている。

第二次世界大戦中にドイツがフランスを占領すると、ベンガブリトはムスリムだけではなく、ナチス・ドイツの迫害からユダヤ人も救うようになり、パリの大モスクにユダヤ人たちをかくまい、ユダヤ人数百人に対して「ムスリム」の身分証明書を発行し、レジスタンスがユダヤ人を極秘に出国させたこともある。その中には著名なアルジェリア出身の歌手サリム・ハラリなどもいた。アルジェリア、チュニジア、モロッコなどの出身の多くのムスリムたちはフランスのレジスタンス運動に身を投じ、フランスの戦争努力に協力した。

二〇〇七年制作の「デイズ・オブ・グローリー」はアルジェリア、フランス、モロッコ、ベルギー合作映画でアカデミー賞外国映画賞候補にもノミネートされた。そこで紹介されるのは、アルジェリアやモロッコなど北アフリカやセネガル出身のムスリム兵に対する差別だった。第二次世界大戦でフランス軍兵士として戦った北アフリカ（マグレブ）の兵士たちは、ドイツ軍と戦いながらも祖国（フランス）の土を踏んだことがなかった。軍隊の中でも食事の待遇などで差別を受け、フランス人兵士たちよりも多く前線に送られ、功労もフランス人兵に横取りされてしまう。映画ではムスリムやアフリカ系で構成される部隊がイタリアやフランスのヨーロッパの最前線に投入されるものの、受勲・昇進はフランス人ばかりで、休暇もない差別的待遇の中で戦う様子が描かれている。この映画は、ヨーロッパ諸国の戦争に参加しながらも軍内部で差別を受け、しかも最前線に送られ、いわば「弾除け」として使われていた植民地の貧しい人々の悲哀を描くもので、フランス軍の中におけるムスリムというマイノリティへの扱いを事実に基づいて鮮明に描くものだった。

## ヨーロッパ・ナショナリズムに倣ったユダヤ人のシオニズム

第二次世界大戦ではムスリムを利用し、またユダヤ人を排除したヨーロッパ・キリスト教世界だったが、第二次世界大戦後はムスリム移民を排斥する動きが顕著となった。一方ナチスによるホロコーストの悲劇はヨーロッパ・キリスト教文明が犯した罪という意識から、ヨーロッパ諸国はユダヤ人の国であるイスラエルの国際法に違反する行為には沈黙するようになった。ホロコーストはヨーロッパ・キリスト教世界が生んだ悲劇であったため、ヨーロッパ諸国は同情からパレスチナにユダヤ人の国家を建設することを支持するようになる。しかし、ユダヤ人たちによって土地を奪われるパレスチナのアラブ人たちはヨーロッパの罪とは何の関係もなく、なんで自分たちがヨーロッパの「贖罪」の犠牲にならなければならないのかという思いが強かった。

ナショナリズム思想によるユダヤ人排斥の風潮がヨーロッパで高まると、米国に移住するユダヤ人たちも増加していった。米国のユダヤ人人口は一八二五年が一万人、一八八〇年が約二五万人、一八八一年から一九四一年の六十年間の間に、中欧や東欧からイーディッシュ語（ドイツ語を基につくられたユダヤ人の言語）を話す四〇〇万人のユダヤ人たちが米国に移住していった。ユダヤ人たちは勤勉で、教育熱心で、急速に米国社会に溶け込み、医師、弁護士、科学者、ジャーナリスト、大学教員など知的職業に就く場合が多く、米国社会に多大な影響を及ぼすようになり、また第二次世界大戦後は米国のイスラエル政策に多大な影響を及ぼしていった。（木村修三『中東和平とイスラエル』神戸大学研究双書刊行会）

イギリスがユダヤ人たちにパレスチナに国家（民族郷土）を与えることを約束したバルフ

ォア宣言によって、パレスチナに移住するユダヤ人たちは増加していき、一九二二年にパレスチナにおけるユダヤ人人口の比率は全体の八％強であったのに対して、三五年には二七％に増加する。一九二二年はパレスチナの総人口は七〇万人だったが、そのうちの五万八〇〇〇人がユダヤ人だった。

一九三二年からナチスが勢力を伸長させると、オーストリア、チェコスロバキアでもユダヤ人に対する迫害が始まり、パレスチナへのユダヤ人の移住が劇的に増加することになった。一九三二年から一九三九年の間、パレスチナには二四万七〇〇〇人の新しい移住者があった。これはヨーロッパに居住するユダヤ人の移住先の実に四六％を占めるもので、パレスチナがユダヤ人の移住先として望まれていたことを表している。

イギリスは第一次世界大戦が終わると、国際連盟から託された委任統治をパレスチナで行うことになったが、バルフォア宣言はイギリスの国連委任統治規約にも盛り込まれることになり、パレスチナにおけるユダヤ人国家創設が第一次世界大戦後もイギリスによって意識されていた。パレスチナに移住したユダヤ人、つまりシオニストたちは、パレスチナの都市や村落に入植地をつくり、ユダヤ人の文化的生活やヘブライ語教育を行うなど、ユダヤ人の民族意識を強く感じながら生活するようになった。一九二五年三月にパレスチナにおけるユダヤ人人口は一〇万八〇〇〇人と公式に見積もられ、ドイツでナチス政権が成立した一九三三年には二二三万八〇〇〇人と著しく増加した。こうしたユダヤ人の増加は、元々パレスチナに住んでいたアラブ人の不安や反発を増幅させていった。

ユダヤ人で、ナチスの迫害を逃れて米国に移住した政治哲学者ハンナ・アーレント（一九〇六～七五年）は、ユダヤ人が自分たちを排除した国民国家の原理で国家を建設すれば、今度は自分たちが他民族を排除する側に回ってしまうと説いた。ユダヤ人がパレスチナに自らの国家を建設するならば、アラブ難民というかつての自分たちと同じ故郷喪失者を生み出すことを見通していた。また、イスラエルのユダヤ人たちが隣人であるアラブ人を敵視することは、敵対する民族に取り囲まれて暮らし、少数民族や他国の国民に対して抑圧的・排他的になっていくだろうと予見していた。そうなれば、イスラエル人は古代スパルタ人のように、兵士種族になるしかなく、世界中のほかのユダヤ人からも孤立するだろうと警鐘を鳴らした。

エジプトの思想家サイイド・クトゥブ（一九〇六～六六年）は、欧米社会のように、個人主義が社会への貢献よりも優越され、また名誉よりも社会的地位が、さらに宗教への忠節よりも世俗的な政治が成功することが重視される「利己的社会」を否定し、このような社会は、精神的な指針をすでに喪失していると主張した。ムスリムには、欧米の愚かしい物質主義、社会的不平等、退廃的な性などの事象から自らを遠ざける責任がある。これらの欧米社会の「病弊」は、クトゥブ自身が一九四九年に訪米した際に、実際に見聞したものであり、彼は米国の「皮相的な文化」に魅力を感ずることはなかった。彼にとってはイスラエルがこの欧米文化を「代弁」するものだった。

パレスチナ系の米国人思想家のエドワード・サイード（一九三五～二〇〇三年）は、シオニズムはヨーロッパ植民地主義の原則がパレスチナに移入されたもので、欧米諸国はパレスチナ人たちが置かれた苦境に配慮することがないと語っている。サイードは、西洋のオリエント認識は人種主義に基づくもので、西欧的な考えに同化しない人種に冷淡なのだと説いた。シオニズムは、元々パレスチナに住んでいた人々の存在を否定し、排斥する傾向にある。彼は、世界各地の人権侵害を批判する欧米諸国がイスラエルのパレスチナ人抑圧を問題にすることがない「偽善」を指摘した。

## フランスに対する抵抗のナショナリズム——アルジェリア

第二次世界大戦が終わると、アジアやアフリカでは脱植民地主義の運動が高揚していき、ヨーロッパ諸国から独立しようとする運動が各地で見られるようになった。

十九世紀、ヨーロッパの植民地主義がイスラム世界に進出するにしたがって、ヨーロッパのキリスト教宣教師たちは、イスラム世界に対するヨーロッパの「勝利」はキリスト教の教義によるものと考え、イスラム世界の後進性を「イスラム」によるものと断定した。彼らは、ヨーロッパの近代的発展は、宗教や文化としてキリスト教に本来備わっている優越性によるものと考えていた。こうした思想からフランスは、アルジェリアを足がかりにアフリカのキリスト教化を考えるようになった。フランスは、アルジェリアからサハラ深部へと進出し、原地の住民たちにフランス語の使用を強要していく。

一八三〇年にアルジェリアを併合したフランスは、十九世紀の末までに、フランス、イタリア、スペインから二〇万人をアルジェリアに移住させ、アルジェリアの全耕地の四〇％にあたる二三〇万ヘクタールの農地を開墾させた。最も肥沃な土地は、ヨーロッパの農業会社に与えられた。フランスは、一〇〇万人以上の植民者（コロン）と莫大な資源をアルジェリアに投入したが、フランスのアルジェリアに対する進出は、イスラムよりも優越していると考えられたキリスト教の宗教的情熱によっても裏づけられていた。

フランスのアルジェリア支配は最初から最後まで暴力と、支配する側と支配される側の相互の無理解によって性格づけられていた。フランスの政治思想家アレクシ・ド・トクヴィル（一八〇五～五九年）によれば、アルジェリアの植民地化は現地住民たちをより暴力的にしていった。フランスが普仏戦争に敗れると、フランスはアルザス地方からの難民を受け入れる目的もあって、さらに多くの土地をアルジェリア人から没収した。土地を収用されたアルジェリアの農民たちは、森林の周縁などへの移住を余儀なくされたが、彼らの森林伐採によって砂漠化が進行し、アルジェリア人たちの生活環境は著しく悪化した。フランスのアルジェリア侵攻から一八七〇年代半ばまでにアルジェリア人の人口は三分の二に減少したとも見られている。

アルジェリアの独立戦争は、一九五四年十一月一日未明に開始され、その直後に「民族解放戦線（FLN）」が組織された。戦端が開かれた直後に各地で配布されたFLNのチラシには、その運動の目的がアルジェリアの主権を回復するものであると書かれてあった。イスラムの枠組みの中で民主主義を確立すること、またすべてのアルジェリア国民に平等の権利を与えることが約束された。特に強調されたのは、アルジェリアが他のアラブ諸国に比べると、民族解放からとり残されていたことで、この遅れは困難な闘争を通じてこそとり戻すことができると考えられた。国内においては武装闘争、国外では国連を中心に外交活動を行うというのがFLNの方針であった。

武装闘争は瞬く間にアルジェリアの広範な地域に広がっていった。小カビリー地方や、オーレス山脈がゲリラ活動の拠点となり、フランス軍を苦しめることになる。フランスは、五〇万人に近い兵力をアルジェリアに投入したが、FLNは激しい武装闘争で対抗した。

FLNは、フランス軍と、ヨーロッパ植民者たちを標的とする襲撃を行っていくが、それにフランス軍のジャック・マシュ将軍（一九〇八～二〇〇二年）は、拷問や即決の処刑を用いた制圧で対抗していく。フランスでは拷問に対して疑問の声が左派の知識人などから上がり、拷問に反対する人々はマシュ将軍をナチスのSSになぞらえるほどであった。しかし拷問死の事例も報告されたものの、フランス国民の多くは沈黙したままであった。ギー・モレ政権（一九五六年一月〜一九五七年六月）は、拷問に反対する人々は「フランスの敵」と形容し、拷問を正当化した。しかし、拷問はかえってアルジェリア人たちの反フランスのナショナリズムを煽り、いっそう広範な支持を集めることになった。フランスの右翼は、アルジェリア問題は軍事的勝利か、FLNのテロへの屈服かという二者択一的にとらえるようになり、政治的解決を恐れるようになった。

一九五八年十二月にシャルル・ド・ゴール（一八九〇〜一九七〇年）がフランス第五共和制の大統領になった。ド・ゴールは一九五九年九月に国連総会で、アルジェリアが将来の運命を決する権利があると宣言し、事実上独立を認めた。一九六〇年一月にド・ゴールはマシュ将軍を解任したが、マシュはヨーロッパの植民者にとっては英雄のような人物であったため、一九六一年四月、アルジェリアのフランス軍の将軍たちは、「秘密軍事組織」を設立し、アルジェリアをフランスに留めようとし、ド・ゴールの暗殺を考えるようになった。

アルジェリア独立戦争におけるフランス右翼の動静については日本でも映画として公開されたフレデリック・フォーサイスの『ジャッカルの日』（篠原慎訳、角川文庫）などでも描かれている。アルジェリア独立を容認するようになったド・ゴール大統領などに対する暗殺やテロをくわだてるフランス軍関係者による「OAS（秘密軍事組織）」は、極右民族主義や人種主義の性格をもっていた。OASは「極右」「ファシスト」「人種主義者」などと形容され、アルジェリア人に対するテロや虐殺も頻繁に行った。OASの存在や活動はフランス現代史の影の部分を代表するが、国外に逃亡したOASのメンバーたちに対しては一九六八年のフランス五月革命の際にド・ゴールに協力する見返りとして恩赦が与えられた。

一九六二年三月十八日に成立したエヴィアン協定でアルジェリアの独立が正式に認められ、八〇万人のヨーロッパの植民者たちはヨーロッパに帰国していった。アルジェリア独立戦争は一〇〇万人のアルジェリア人が犠牲になったと見られるほど苛烈な戦いだったが、アルジェリアの独立運動は東西陣営に属さない第三世界の旗頭と見なされ、アフリカの脱植民地化の先駆となり、日本の国会議員や大学生たちも熱心に支援を行った。一九六四年の東京オリンピックにアルジェリアからただ一人参加した体操競技のモハメド・ヤマニ選手は一九六〇年のローマ・オリンピックではフランスの代表だったというエピソードもある。

## フランス――「栄光の三十年」と「お荷物」になるムスリム移民たち

フランスは一九六〇年代から七〇年代前半にかけて労働力不足を背景に移民の受け入れを

積極的に行い、この時期二〇万人とも見積られるアフリカ系の人々がフランスに移住してきた。第二次世界大戦終結から一九七五年までは「栄光の三十年（Les Trente Glorieuses）」と呼ばれるフランスの経済成長時代だった。それでも、黒人の移民社会は貧困、人種主義、社会的隔離などの問題に遭遇するようになった。

フランスでは移民社会の人道上の問題にはほとんど改善が見られず、加えてフランス極右の冷酷な主張が現れ、それが少なからぬ支持を集めるようになった。一九六〇年代前半のアルジェリア独立以来、フランスにはイスラム系移民の数が増え、現在では移民の九五％がムスリムで、カトリックに次ぐ宗教人口となっている。アルジェリア独立戦争の際の和平協定によってフランス国内で生まれたアルジェリア人にはフランス国籍が与えられ、また第二次世界大戦以降、フランスではアルジェリア人たちがＯＳ（Ouvrier Spécialisé）と呼ばれる単能工の大部分を占めていて、一九六八年のパリ五月革命にも重要な役割を果たした。

「栄光の三十年」の経済成長を支えたのは移民労働者たちだったが、アルジェリア移民たちは一九五四年には、一九四六年の六倍にまで膨れ上がった。アルジェリアでは独立後の経済混乱によってフランスで働くアルジェリア人が増え、フランスでも戦争に若い男子を送ったことによる労働力不足からアルジェリア人を積極的に受け入れた。しかし、キリスト教にとっては異文化のイスラムを拒絶するムードから極右が台頭するようになった。

アルジェリアでも独立戦争の際にユダヤ人を味方につけようとしたフランスによって、ムスリムとユダヤ人の対立感情が高まり、一九六二年の独立後は多くのユダヤ人たちがフランスに逃亡した。フランスで活動するアルジェリア出身の歌手エンリコ・マシアスはユダヤ人だが、彼の叔父もアルジェリア東部のコンスタンティーヌで殺害されている。

フランスでは一九六一年十月十七日にパリでアルジェリア人弾圧事件が発生し、独立を求めるアルジェリア系市民のデモに対して、パリの警視総監であったモーリス・パポンは力による弾圧を命じ、少なくとも二〇〇人のアルジェリア系市民が橋からセーヌ川に放り込まれるか、銃撃されるか、または警棒で殴打されて死亡した。

事件は当時「パリ虐殺」とも呼ばれた。パポンはドイツ占領下のビシー政権時代に一五六〇人のユダヤ人の強制収容所移送に関わった人物とされ、人種主義的傾向が強かった。

アルジェリアは一八三〇年にフランスに征服されて、植民地ではなくフランスの領土の一部とされてしまった。パポンのようなフランスの極右主義者は、フランスの領土であるアルジェリアを放棄することはありえないと考えていたが、こうした主張には正当性がないことは第二次世界大戦後の国際政治の流れや戦後に成立した一連の国際法で明らかになっていった。国連憲章は「人民の同権および自決の原則の尊重」をうたい、また一九六〇年には国連総会が「植民地独立付与宣言」を採択したが、その内容は（1）外国による征服、支配、搾取が基本的人権を否認し、植民地主義が国連憲章に違反し、世界平和と協力の促進に障害となっていること、(2)すべての人民は自決の原則をもつこと、(3)政治的、経済的、社会的、教育的準備の不十分なことをもって独立を遅らせてはならないこと、(4)独立運動を武力で抑圧してはならないことなどが定められた。

二〇二一年三月二日、フランスのマクロン大統領は、アルジェリアの民族主義者で、弁護士のアリー・ブーメンジェル氏(一九一九〜五七年)の死が従来言われていた自殺ではなく、一九五七年三月二十三日にアルジェリア近郊の町で拷問死したことをブーメンジェル氏の孫たちの前で認めた。拷問死した後にブーメンジェル氏の遺体は、建物の六階から放り投げられ、「自殺」に偽装された。独立戦争時においてアルジェの情報機関のトップであったポール・オサレス大将は、およそ二〇〇〇人の拷問死を自殺に偽装したことを認めている。

マクロン大統領は、ブーメンジェル氏の闘争と勇気はアルジェリアとフランスの精神として永遠に記憶され、彼は、不正と植民地システムに対して闘ったと述べたが、マクロン大統領はフランスのアルジェリア支配については「悔い改めも謝罪もしない」と二一年初めに述べている。ブーメンジェル氏の遺族、特に二〇年に亡くなった夫人は彼の死の真相が明らかにされることをずっと求めていた。謝罪しないマクロン大統領の姿勢にもフランスのアルジェリア人に対する人種観が表れている。

この事件に表れたようなフランスのムスリムに対する人種主義的な傾向には変化がなく、イスラム・フォビア（イスラム嫌い）の傾向はむしろ強まっている。「フランス・イスラムフォビア監視団」の統計によれば、二〇二〇年にはムスリムに対する二三五件の暴力事件があった。二〇一九年の一五四件に比べると、五三%の増加だった。

# Ⅵ 宗教がせめぎ合うアメリカ大陸

米合衆国はヨーロッパ大陸の迫害から逃れた人々によってつくれた国とされているが、移り住んだ先にはネイティブ・アメリカンという先住民たちがいた。ヨーロッパからの移民がもたらした伝染病、疫病、またヨーロッパ出身のクリスチャンたちによる虐殺などで、先住民の人口は大幅に減少し、あっという間にマイノリティに転じていった。米国の文化はクリスチャンたちが形成したものばかりではない。全人口の五%にも満たないユダヤ人、ムスリムというマイノリティたちは米国の産業、文化の形成に多大な貢献を行った。日本人が知っているような米国の著名な企業にはユダヤ人が設立したものが多く、ブルース、ジャズ、ポップスの形成には黒人のムスリムが多大な貢献をし、彼らは米国の人種差別に反対し、平和を唱える運動にも顕著な役割を果たした。他方で、米国の人口の多数派を占めるキリスト教福音派は、保守的な価値観を強調し、共和党の支持層を形成、米国の戦争を唱道する勢力になっている。

## 移民がもたらしたネイティブ・アメリカンの人口減少

コロンブスのアメリカ大陸発見以前、現在のアメリカ大陸には六〇〇〇万人の先住民が生活していたが、それから約一世紀後には六〇〇万人に減っていた。虐殺や、ヨーロッパの人間がもたらした天然痘などの病気が原因であった。人口が急速に減少した結果、農地が放棄され、農地に再び生息した樹木や植物はより多くの二酸化炭素を吸収して地球の平均気温を〇・一五度低下させたとユニバーシティ・カレッジ・ロンドンの研究者たちは二〇一九年二月に発表した論文の中で述べている。この研究は地球の気温を下げるにはどれほどの森林化が必要かという議論を生み、地球温暖化の現象の中で今日的意義をもつものとされている。

米国では毎年十一月の第四週の木曜日は、サンクスギビング・デー（感謝祭）の日だが、反イングランド教会派（ピルグリム・ファーザーズ、宗教的にはピューリタン〔清教徒〕）の人々が荒地を開拓して一六二一年に最初に収穫を得て、神に感謝した日とされ、七面鳥の丸焼きとカボチャのパイを家族や親族などがそろって食べる習慣がある。米国では街の雰囲気がいっせいに厳かに静かになったことを覚えている。

米国文化であるサンクスギビング・デーは、日本ではクリスマスやハロウィンのようには定着しなかったが、米国では重要な年中行事となっている。ピルグリム・ファーザーズは一六二〇年十一月二十一日、プリマス（現在のボストン南にある小都市）上陸直前にメイフラワー号船上で「メイフラワー契約」を結び、多数決の原理で入植社会を運営していくことを決め、それが米国建国の源流とされている。

しかし、一九七三年に俳優のマーロン・ブランドが映画「ゴッドファーザー」の主演男優賞を、アメリカ映画における先住民の描き方に疑問を呈して辞退したように、このサンクスギビング・デーについても、その表現の仕方が先住民への扱いを軽視し、美化しているという少なからぬ疑問の声が上がるようになった。

ピルグリム・ファーザーズを端緒とする白人の開拓者たちによって殺害されたネイティブ・アメリカンはコロンブスの「発見」から一九〇〇年までの間に約一二〇〇万人という見積もりがあるほどだ。

米国社会がサンクスギビング・デーを祝うことによってピルグリム・ファーザーズの入植者たちによる先住民たちの土地の収奪や虐殺などの歴史はかき消されることになった。また、彼らがプリマスで植民地をつくるよりも早く、イギリスからの移民が一六〇七年にジェームズタウンに入植地をつくったが、この入植者たちは一六一九年にオランダ船から二〇人の黒人の［年季奉公人］を譲り受けており、このジェームズタウンの植民地を米国建国の始まりとすれば、当初から米国の歴史には黒人奴隷がいたという人種差別の歴史がついて回るため、ピルグリム・ファーザーズが米国建国の礎を築いた人々ということにし、いわば「神話化」されていった。

ピルグリム・ファーザーズたちは、イギリスのプリマスを出発し、メイフラワー号に乗って米大陸にやって来た。彼らはネイティブ・アメリカンのスクアントという人物に会った。スクアントはイギリス人に捕らわれ、イギリス本土に連れられていったが、逃れて一六一九年に北米に戻った。英語を習得したスクアントはパタクセット族の出身だったが、最初の一年間で壊血病や伝染病などで半数に減ったピルグリム・ファーザーズたちにトウモロコシの栽培方法やカエデの樹液の採り方、川での漁の仕方や、毒のある植物の見分け方、魚を肥料に使うことなどを教え、まさにサバイバルのための知恵や術《すべ》をピルグリム・ファーザーズたちに授けた。最初のトウモロコシの収穫があった際にプリアナ植民地の総督であったウィリアム・ブラッドフォードはサンクスギビングの起源とされる祝宴を開いたが、これにはスクアントなどワンパノアグ族の人々もイギリスからの入植者たちと良好な関係を築こうとして参加した。しかし、その後ピルグリム・ファーザーズたちはワンパノアグ族の女性や子どもたちを奴隷としてイギリス本国に送り込んだ。一六三〇年代までに自然と共生して暮らしていたこの地域のネイティブ・アメリカンたちはマイノリティになってしまったのだ。サンクスギビング・デーは、ネイティブ・アメリカンの虐殺、土地の略奪や自然環境の破壊などをヨーロッパからの移民が行う契機となったと先住民は語るようになっている。ヨーロッパの移住者たちが西漸《せいぜん》運動によって広大な西部に広がるにつれて先住民の虐殺をともないながら土地を奪っていった。

## 西部開拓の歴史はネイティブ・アメリカン抹殺の歴史

二〇二〇年に「ＢＬＭ（黒人の命は大事だ）運動」が盛り上がった頃、カリフォルニアのオレンジ・カウンティ（大谷翔平選手が所属するエンゼルスのアナハイム球場がある郡）にあるジョン・ウェイン空港から「ジョン・ウェイン」の名称を消すべきだという議論が起こった。

米国の著名な俳優ジョン・ウェインは人種主義者だったからというのがその理由だった。その根拠として挙げられるのが一九七一年の『プレイボーイ』誌とのインタビューでのジョン・ウェインの発言だった。ネイティブ・アメリカンについてジョン・ウェインは「あの人たちからこのすばらしい国を奪ったことは間違っていない。土地を奪ったのはサバイバルの問題だった。たくさんの人が新しい土地を必要としたのに、利己的なインディアンたちは土地を独り占めしようとしたんだ」と述べ、また「黒人たちが教育を受けて責任をもてるまで白人至上主義を信じるよ」とも述べている。その後も「ジョン・ウェイン空港」の議論は継続し、ネット上ではオレンジ・カウンティ空港という名称に変えてほしいという声が少なくない。

当初イギリスはネイティブ・アメリカンの土地を国王直轄のネイティブ・アメリカンの居留地として植民者たちの自由な開拓を許さず、入植者の進出を制限した。ネイティブ・アメリカンたちはこれを歓迎し、米国独立戦争ではイギリスの側に立って戦ったほどだ。結局、米国が勝利し独立を達成すると、一七八三年のパリ条約でミシシッピ以東のルイジアナが米国領に編入され、ネイティブ・アメリカンの土地の略奪や、彼らに対する殺戮が始まった。ジョン・ウェインの映画などに描かれる米国の西部開拓（西漸運動）自体が先住民の追放、殺戮、土地の略奪という過程であった。

ジョン・ウェインの映画は、米国流の二元的価値観、我々は善で、「インディアン」は悪という描かれ方がされ、映画「捜索者」では死んだコマンチ族の男の目をジョン・ウェイン演ずる主人公が霊界をさまようことができないようにと撃ち抜くシーンも出てくる。このようなネイティブ・アメリカンの描き方が現在では顕著な人種差別だという批判が出ている。ジョン・ウェインの『プレイボーイ』誌とのインタビューは一九七一年で、すでに一九六〇年代の公民権運動の時代を過ぎた時期での発言であった。公民権運動を経てもジョン・ウェインの人種観にはまったく変化がなかったようだ。

## ユダヤ人はヨーロッパの迫害を逃れて米国に

疲れ果て、
貧しさにあえぎ、
自由の息吹を求める群衆を、
私に与えたまえ。

人生の高波に揉まれ、拒まれ続ける哀れな人々を。

戻る祖国なく、
動乱に弄ばれた人々を、
私のもとに送りたまえ。

私は希望の灯を掲げて照らそう、
自由の国はここなのだと。

〈エマ・ラザラス「The New Colossus」〈意訳／青山沙羅〉――ニューヨークの「自由の女神」に刻まれた詩〉

米国の初代大統領ジョージ・ワシントンは、側近であったテンチ・ティルマンに宛てた一七八四年三月二十四日付の文書で、「アジア、アフリカ、ヨーロッパの人間であれ、またイスラム教徒、ユダヤ教徒、クリスチャンであれ、よき労働者ならば雇用すべきである」と説いた。ワシントンは、ユダヤ人に宛てた書簡の中でも米国の自由と個人の生活を保障しながら「アブラハムの子どもたち」は米国では恐れることは何もないとも述べている。一神教の「アブラハムの子どもたち」はユダヤ人を指すし、またイスラム教徒も含む言葉である。ワシントンなど米国の建国者たちは宗教による差別を否定し、また新しい国家である米国に息吹と活力を与えるために様々な宗教や人種からなる人材を活用することを考えていた。

自由の女神に刻まれた詩のように、ユダヤ人たちの米国への移住はヨーロッパでの迫害を逃れ、新たな機会を求めるものでもあった。彼らはユダヤ人の伝統的な戒律を守り、成功のために勤勉に働くことになった。

　現在、米国には三億人の国民のうちおよそ五〇〇万人から七五〇万人のユダヤ人たちが住んでいる。最初に米国にやって来たのは、一六五四年にブラジルからニューヨーク州のニューアムステルダムに来た二三人のセファルディム（主にスペイン・ポルトガルまたはイタリアなどの南欧諸国や、トルコ、北アフリカなどに十五世紀前後に定住したユダヤ人たち）だった。彼らは米国では何の制限もなく礼拝ができることを望んだ。しかし、そこでも彼らは自分たちが以前いた地域と相違しない差別的扱いを受けることに気づいた。小規模な商売にも、職工にも、また公的立場にも就くこともできず、さらにシナゴーグで宗教活動を行うことも許されなかった。

　米国の独立戦争までにユダヤ人たちは、次第に権利の拡大を許されていった。一七八九年には、ユダヤ人の五つの主要なコミュニティがあり、それらはニューヨーク、ボストン、フィラデルフィア、チャールストン、ニューポートにあった。

　一八四〇年から五〇年の間に米国に住むユダヤ人の数は一万五〇〇〇人から五万人に増えていった。ナポレオン戦争後にヨーロッパでは封建制度の解体と平等な権利の付与という考えがヨーロッパ全域に行き渡ったが、ユダヤ人たちも自由を求める闘争に参加していった。ユダヤ人コミュニティの中で最も有力であったのは、ドイツからの移民だった。十九世紀に土地の不足、また農村部の疲弊、婚姻や住居、就職などへの制限で米国に渡ってくるドイツ系のユダヤ人たちが増加した。ドイツ系のユダヤ人たちは、一八四八年のドイツ革命（三月革命）により多くの自由を求めて参加する人が少なくなかったが、革命が失敗すると、米国に移民するユダヤ人はさらに増加し、中西部の発展に力を尽くすことになった。彼らは、より年配で、知的な人々だったが、ミシガン州やオハイオ州、イリノイ州など中西部でドイツ系ユダヤ人のコミュニティをつくっていった。

また、ロシアやポーランドで一八〇〇年代後半や一九〇〇年代初期にポグロム（ロシアのユダヤ人に対する集団暴力行為）が発生すると、東欧から多くのユダヤ人が米国にやって来た。彼らは商人、店主、職工、技術者、労働者などであった。この時期のユダヤ人移民の多くが現在でも継続する米国の産業を興していった。米国のユダヤ人人口は一八二五年に一万人、一八八〇年に約二五万人、さらに一八八一年から一九四一年の間にヨーロッパでの迫害を背景に中欧、東欧からイーディッシュ語を話す約四〇〇万人のユダヤ人が流入していった。彼らは勤勉で、教育熱心で、医師、弁護士、科学者、ジャーナリスト、大学教員など知的な職業に就いていった。

さらに、ヨーロッパにおけるナチス・ドイツの台頭は、大量のユダヤ人移民をアメリカ大陸にもたらすことになったが、一九三九年にはセントルイス号の事件が起きた。セントルイス号には九三七人の乗客が乗っていたが、そのほとんどすべてがユダヤ人だった。

ユダヤ人の乗客たちはナチス政権の迫害を逃れて乗船していたが、彼らはキューバのビザをもっていたにもかかわらず、キューバ政府はこのビザの有効性を否定したため、フロリダのマイアミ港の沖合までやって来た。乗客たちはルーズベルト大統領に入港を求めたが、結局許可は下りず、ヨーロッパに戻らなければならなかった。

そのうちの二八八人はイギリスに難民として認められたが、他の人々はその後強制収容所で帰らぬ人となった。

ルーズベルト政権はその後も一九四四年までユダヤ人移民に対する制限を行う政策を継続した。その時までにおよそ五〇〇万人のユダヤ人が殺害されたとユダヤ人たちは主張している。第二次世界大戦後に米国社会ではユダヤ人を差別、蔑視する傾向は弱まったが、それはナチスのホロコーストからユダヤ人を救えなかったという道徳的悔悟の思いが一般に広まったことと関連している。

### 豊かなイーディッシュ文化を米国にもたらしたユダヤ人たち

十九世紀後半から二十世紀初頭のユダヤ系移民は、豊かなイーディッシュ文化を米国にもち込み、それはジャーナリズム、小説、詩作、芝居など芸術分野に多く見られた。

映画界には「メトロ・ゴールドウィン・メイヤー（MGM）」の前身、「ゴールドウィン・ピクチャーズ」の創始者サミュエル・ゴールドウィン（一八七九〜一九七四年）、また音楽では「パリのアメリカ人」「ポーギーとベス」などで有名なジョージ・ガーシュウィン（一八九八〜一九三七年）、スウィングバンド・ジャズをリードしたベニー・グッドマン（一九〇九〜八六年）、ニューヨーク・フィルの音楽監督を務め、ミュージカル「ウエスト・サイド物語」などで有名なレナード・バーンスタイン（一九一八〜九〇年）、ノーベル文学賞を受賞したボブ・ディラン（一九四一年生まれ）、法曹界には社会正義の実現に努め、米国連邦最高裁判所判事だったルイス・ブランダイス（一八五六〜一九四一年）、「セールスマンの死」などの代表作品がある劇作家のアーサー・ミラー（一九一五〜二〇〇五年）などがいる。

さらにファッション界ではラルフ・ローレン（一九三九年生まれ）やカルバン・クライン（一九四二年生まれ）、ダナ・キャラン（一九四八年生まれ）が出て、世界のファッションをリードしていった。

物理学ではあまりにも著名なアルバート・アインシュタイン（一八七九〜一九五五年）、原子爆弾の開発に携わったロバート・オッペンハイマー（一九〇四〜六七年）やレオ・シラード（一八九八〜一九六四年）がいる。

ユダヤ人移民たちは米国の産業振興にも貢献した。「ザ・ホーム・デポ」（住宅リフォーム・

建設資材・サービスの小売チェーン）やコストコ（会員制倉庫）もユダヤ人商人の活動に起源がある。さらに、ABC、NBC、CBSといった米国の三大ネットワークはデヴィッド・サーノフ（一八九一〜一九七一年）とウィリアム・S・ペイリー（一九〇一〜九〇年）というユダヤ人企業家たちの努力によって創始されていった。

また、ハリウッドの映画産業もユダヤ人たちが興したもので、たとえば、一八八九年に米国に移住したポーランド生まれのユダヤ人移民の四兄弟は「ワーナー・ブラザース」を一九二三年に興した。

さらに、「ニューヨークタイムズ」、ランダムハウス、サイモン＆シュスターといった新聞や出版社もユダヤ人たちが起ち上げたもので、ピューリッツァー賞受賞者の半分余りがユダヤ系の記者が受賞している。

またスポーツでも野球界では通算三三一本塁打で、ユダヤ系のスター選手だったハンク・グリーンバーグ（一九一一〜八六年）、最も活躍した投手に与えられるサイ・ヤング賞を三回受賞したサンデー・コーファックス（一九三五年生まれ）が活躍し、このように、米国社会におけるユダヤ人たちの活躍は顕著であり、多くの分野で才能を開花させ、米国文化を豊かにしていった。

## ビリー・ホリデイの「奇妙な果実」と人種差別に怒るユダヤ人

ジャズ・ボーカリストのビリー・ホリデイが一九三九年にレコーディングし、ミリオンセラーの大ヒットとなった有名な「奇妙な果実（Strange Fruit）」は、ユダヤ系米国人のエイベル・ミーアポルが一九三七年に書いた詩をもとに曲がつくられたものだ。

米国の残忍な人種差別の情景が描かれていて、南部ののどかな風景と白人たちのリンチによって樹に吊るされた黒人の遺体を対比させるような内容となっている。

ビリー・ホリデイの歌は差別される黒人の哀切な情感が込められている。ミーアポルがこの詩を書いた通りに、ユダヤ系米国人にも米国社会に根強くある白人至上主義や人種差別に反発する感情があった。

ホリデイは「この歌を歌唱すると逮捕するぞ」とＦＢＩに脅されながらも歌い続けたが、このホリデイとＦＢＩとの闘いは二〇二一年に公開された「ザ・ユナイテッド・ステイツvs.ビリー・ホリデイ」（リー・ダニエルズ監督）でも描かれていて、この歌を歌うには相当の覚悟が必要だったようだ。

このように米国のユダヤ人には人種主義に対する根強い警戒感があるが、二〇二二年米国の中間選挙の直前や当日にハト派のユダヤ人ロビー組織の「Ｊストリート」がユダヤ人に対して行った世論調査では多くのユダヤ人がトランプ前大統領の「米国を偉大にする」というナショナリズムに懸念をもっていることが判明した。ユダヤ人たちはトランプの白人至上主義によってユダヤ人差別や迫害が進むことを懸念している。

Jストリートの世論調査では、七六％のユダヤ人がトランプとその共和党の支持者たちに米国における反セム主義の台頭の責任があり、七四％がトランプとその支持母体であるMAGA（Make America Great Again）運動が米国のユダヤ人にとって脅威だと考えている。また、米国のユダヤ人たちの六八％が米国のイスラエルに対する年額三八億ドルの軍事援助を制限すべきだと思っている。

ユダヤ人が白人至上主義に警戒するのは、ドイツのナチズムで六〇〇万人とも言われるユダヤ人が大量虐殺の犠牲になったことでも明らかだ。これまで見てきたように、米国のユダヤ人たちは様々な分野で社会を牽引してきたが、彼らの成功もまた人種主義と相まってやっかみの対象となってきたことは間違いない。

## 米国のポピュラー文化の形成を担ったイスラム

米国ワシントンDCの調査機関ピュー・リサーチ・センターの統計によれば、二〇一七年に米国のムスリム（イスラム教徒）人口は三四五万人で全人口の一・一％だったのが、二〇五〇年までに八一〇万人、全人口の二・一%となり、全人口における比率は二倍となってユダヤ人を抜き、キリスト教に次いで全米二位の宗教人口になることが予想されている。

米国のムスリム社会は、イスラム世界からの移民、アフリカ系アメリカ人や白人の改宗者、またイスラム系諸国からの外交官、ビジネスマン、留学生など米国に一時的に居住する者によって構成される。

また、ムスリム人口は、これらの移民や新たな改宗、自然増加などでその数を増やしているが、居住分布では米国のムスリム社会は、ニューヨーク、シカゴ、ロスアンゼルス、ヒューストンなど大都市に集中している。

イスラムの宗派では、米国のムスリムたちは、多くの場合スンナ派に属すか、アフマディーヤのような新興のイスラムの宗派を信仰する。

アフマディーヤは、一八八九年に北インドで創始された教えで、一九二〇年代以降アメリカで信徒を増やしていった。

アフマディーヤは、「ジハード」の意味を、武力を伴う戦いではなく、精神的な努力に限定する。アフマディーヤは創始者のミールザー・グラーム・アフマド（一八三五～一九〇八年）がマフディー（救世主）を自称することなどによって、イスラム世界では異端視する傾向が一部ではあるが、人間のあらゆる事象における平和を尊重し、教育、寛容、慈善活動を重視する。

米国へのムスリムの移住は、既述の通りアメリカ大陸発見時代、スペインのムスリムがスペインやポルトガルの発見事業に携わり、アメリカ大陸に居住するようになったのが始まりだと伝えられている。

ジョージ・ワシントンとともに米国の独立戦争を戦った兵士にバムペット・ムハンマドとユースフ・ムハンマド（北アフリカ出身のアラブ人）がいる。一七七七年に米国を最初に承認したのは、イスラムの国であるモロッコであり、友好・平和条約を結んで、現在でもこの条約は機能している。

また、米国のアフリカ系（黒人）ムスリムは米国社会で人種差別撤廃を求める公民権運動の中で重要な役割を果たし、ボクサーのモハメド・アリのようにベトナム反戦運動に顕著な貢献を行った人物もいた。

英領インド帝国（一八五八〜一九四七年）のダッカで生まれた建築技術者のファズラー・ラーマン・カーン（一九二九〜八二年）は、超高層建築物の重要な構造システムの開発を行い、米国の都市の発展に貢献し、「構造工学のアインシュタイン」「二十世紀最高の建築エンジニア」などと形容された。

音楽シーンでは一九八〇年代、九〇年代にヒップホップによって多くの音楽ファンがムスリム文化やイスラムに接することになった。ヤーシン・ベイ（モス・デフ、一九七三年生まれ）やT-ペイン（一九八五年生まれ）、ラキム（一九六八年生まれ）などは、イスラムの宗教心情を、ヒップホップを通じて表現していった。

日本人の多くも好んで食べるソフトクリームのコーンもムスリムの文化によって生まれたものだ。一九〇四年にセントルイスで開かれた「ワールド・フェア」のアイスクリームの売店で紙カップが品切れとなったところ、隣の売店でシリア系移民のアーネスト・ハムウィがシリアの伝統菓子を売っていたため、それにアイスクリームを入れて売ったのがソフトクリームの始まりと言われている。

またブルース、ジャズなどポピュラー音楽の分野で米国文化に多大な影響を与えてきたことは日本人にはほとんど知られていないだろう。

## オスマン帝国を挟撃しようとしていたコロンブス

アメリカ大陸を「発見」したとされるクリストファー・コロンブスには十字軍と同じ目標があり、イスラム勢力との戦いをその命題に据えていた。コロンブスが生まれたジェノヴァは貿易都市国家であると同時に十字軍の拠点で、コロンブスはオスマン帝国がコンスタンティノープルを征服する二年前に生まれている。

ヨーロッパ・キリスト教世界にとってコンスタンティノープルの喪失は、ローマと並ぶその首都を失うことである。同時に、ジェノヴァのような貿易国家にとって、ボスフォラス海峡に臨むコンスタンティノープルの喪失は、黒海に至る交易ルートへの脅威でもあった。

コロンブスは、幼年期から十字軍がジェノヴァから出発するところを見てきた。彼は、マルコ・ポーロの『東方見聞録』を読んで、その中に登場する大君主「大ハーン」をキリスト教に改宗できれば、イスラム世界の力をそぐことになると考えていた。

コロンブスは船乗りとして、北アフリカやアフリカ西海岸を航行してイスラム勢力と遭遇し、またエーゲ海のキオス島ではコンスタンティノープル防衛に携わるギリシア兵たちとも遭遇する機会があり、一四九二年にはグラナダ包囲戦に参加し、イベリア半島最後のイスラム王朝であるナスル朝の崩壊とイベリア半島からのムスリムの放逐を垣間見る機会があった。

イサベラ・フェルディナンド両王によるスペイン王国はシチリア島も領有しており、シチリア島はオスマン帝国の脅威をより身近に感じる地域だった。両王はコロンブスを航路でアジアに送り、大ハーンとともにオスマン帝国を挟撃することを考えた。

しかし、彼が航行して行き着いたのはアジアではなく、「新大陸」のアメリカ大陸だったが、コロンブスにとって新大陸で遭遇する人々はすべて「ムスリム」だった。

いずれにせよ、コロンブスは亡くなるまで彼が到達した地域をアジアと考え、「大ハーン」に至る道を開拓したいと思っていた。ムーア人との戦争を考えたコロンブスの姿勢は、メキシコ北東の町の名称「マタモロス」（「ムーア人殺し」の意味）にも痕跡を留めている。

アメリカ大陸に到達したスペイン人たちは、ムスリムの支配者たちの建築様式を新大陸にもちこんだ。カスティーリャ王国のアルフォンソ一一世（在位：一三一二～五〇年）やペドロ一世（在位：一三五〇～六六年、一三六七～六九年）は、ムーア人の職人たちを好んで使って宮殿を造営したが、そうした建築様式がアメリカ大陸にももち込まれた。カリフォルニア州などのカトリック教会を見ればスペイン様式の建築が多いことは容易に気づく。

また、イギリス人やフランス人はゴシック様式の建築を好んだが、ゴシック様式は第一回十字軍によってエルサレムのモスクなどの建築物を見て、帰還したノルマン人騎士たちによってヨーロッパにもたらされた。米国ではゴシック様式は、大学やカレッジ、学校などで見られ、イェール大学の建築物は圧倒的にゴシック様式だ。米国人にとって、ゴシック様式はオックスフォード大学やケンブリッジ大学の建築様式やパリのノートルダム寺院を連想させるもので、実際これらのヨーロッパの建築物はゴシック様式によってつくられている。

## 奴隷と移民によるムスリム人口の増加

十七世紀から十九世紀にかけてのムスリム人口の増加は、アフリカからの奴隷貿易によるもので、アフリカ奴隷のおよそ五分の一がムスリムであったと推定されている。しかし、奴隷としてアメリカ大陸に移住したムスリムはたいていがキリスト教への改宗を強制され、アフリカ奴隷のムスリムは米国社会から事実上消失していった。

イスラム世界からのムスリムの移住が見られるようになったのは、十九世紀末になってからで、オスマン帝国のアラブ人たちがその大半を構成した。これらのアラブ人移住者は主に農業従事者であり、蓄財を目指し、米国での生活を暫定的なものと考えていた。彼らが経済的に上昇することはまれであったが、しかしこれらの移民に触発されてさらなる移民が生まれていった。第二次世界大戦が終結すると、一九四〇年代中期から六〇年代半ばにかけてムスリム移民の新たなうねりが発生する。この時期の移民は、政治的抑圧を逃れることを動機とした場合が多く、従来の移民に比べると教育的背景をもっていた。これらの移民の中には、イスラエル独立後の政治的混乱から逃れたパレスチナ人、ナセルの国有化政策によって財産を没収されたエジプト人、共産主義支配を嫌った東欧のムスリムなどが含まれていた。

さらに、一九六〇年代末から九〇年代にかけてイスラム世界から米国に移住したムスリムたちは、世界的なコミュニケーションの発達によって従来以上に欧米化され、教育があり、また英語の会話能力にも優れているという特色があった。これらのムスリムは、自らの職業的キャリアを発展させ、米国で社会・経済的な地位も得たいという願望をもっていたが、本国での政治的抑圧を逃れた者も多かった。他方、この時期の移民の中にも例外的に、特にイエメンや、レバノンのシーア派社会から移住してきた職業的に未熟で、また教育的背景のないムスリムたちも含まれていた。さらに、この時期は、一九七九年のイラン革命や、湾岸戦争、さらにアフガニスタンやソマリア内戦など本国での政情不安を動機とするムスリム移民の場合もあった。

また、二十世紀半ばのムスリム移民たちがアラブ・ナショナリズムや社会主義などのイデオロギーに影響され世俗的傾向をもっていたのに対し、八〇年代以降の移民は、東南アジアやアラブ地域などにおけるイスラム復興の高まりとともにイスラムの信仰心が厚い階層が増加する。こうしたイスラムの宗教心に富む階層は、米国のムスリム社会の結束や強化を図るようになり、ムスリム移民たちが資金を出し合ったり、またアラブ産油国からの寄付などを集めたりして、モスクなど宗教施設を建立していった。こうした宗教施設は九〇年代中期に一〇〇〇を数えるようになった。しかし、米国におけるイスラムの宗教活動が無制限なものでなかったこともまた事実であり、イラン革命、サルマン・ラシュディ事件、また九三年にニューヨークで発生した世界貿易センター爆破事件などは、米国民一般のムスリムの宗教活動に対する警戒や危惧を高めるものであったことは否定できない。

たとえば、一九九五年、サウジアラビアの財政支援によって、ワシントン郊外にムスリムの学校を建設する計画がもち上がったが、中東のテロリストの巣窟になるという地域住民の反対に遭った。米国のムスリム社会は、二〇〇一年の九・一一同時多発テロ事件などで「ムスリム＝テロリスト」、あるいは「イラン＝テロ国家」のイメージが強まる中、米国社会との融和を図る努力が求められるようになった。

## 公民権運動と黒人ムスリム運動のうねり

米国のムスリムのうちおよそその五分の一がアフリカ系（黒人）米国人である。米国の黒人社会ではムスリムは少数で、黒人の中ではクリスチャンは七九％、信仰がない人が一八％、ムスリムは黒人人口の二％を占めるにすぎないが、それでもブラック・ムスリムは米国文化や社会に多大な影響を及ぼしてきた。ブラック・ムスリムの中で改宗者は四九％、他方で、非黒人でイスラムに改宗した人は一五％にすぎない。

ブラック・ムスリムは宗教心に富み、宗教が大事と回答する人は七五％、それに対して黒人のクリスチャンで宗教が大事と考える人は八四％で、黒人は宗教心に富んでいる。

一九〇〇年代の初頭、ブラック・ムスリムの指導者たちのなかに、イスラムは本来黒人に備わっていた宗教と主張する者たちがいた。

一九三〇年代にウォーレス・ファードが創設した「ネーション・オブ・イスラム」に属すと回答したのは一〇〇人中二人にすぎない。五二％がスンニ派イスラムに属すか、あるいは特定の宗派に属さない人が、二七％だった。米国の黒人ムスリムたちを最初に組織化した「ネーション・オブ・イスラム」にはモハメド・アリ、マルコムX、イマーム・W・ディーン・モハメドなど、著名なムスリム黒人が所属していた。

たいていの米国の黒人は黒人に対する差別があると回答するが、差別を感ずるのはブラック・ムスリムのほうが多く九二％、ブラック・クリスチャンは七八％だった。ブラック・ムスリムは北東部に多く居住し、都市生活者が多い。米国で生まれたブラック・ムスリムは六九％で、非黒人のムスリムで、米国で生まれた者は三六％、ブラック・クリスチャンは九〇％と多い。多くのブラック・ムスリムはソマリアやエチオピアなどサハラ以南のアフリカ出身だ。非黒人のムスリムの出身地はパキスタンなど南アジアが圧倒的に多い。

黒人のムスリムに差別を感ずる人が多いのは、黒人とイスラム双方に対する偏見に理由があることは明らかだ。米国のトランプ元大統領は、政権時代にイスラム系諸国からの移民を禁止するなど露骨な反イスラム政策を採っていた。

米国で黒人のムスリムが注目されたのは、「ネーション・オブ・イスラム」の運動が現れてからである。イラン人、あるいはトルコ人ともいわれるウォーレス・ファード（一八七七〜一九三四年に行方不明）が一九三〇年にデトロイトで、イスラムがアフリカ系米国人のアイデンティティーを構成する要素であるという演説を行ったのがこの運動の始まりであった。

自らの故地から切り離されたアフリカ系米国人こそ真のムスリムであるという彼の訴えは、一八九七年に生まれたエライジャ・ムハンマド（一九七五年没）に深い感銘を与え、このエライジャ・ムハンマドが運動を強力に推進していくことになる。エライジャ・ムハンマドは、自らを「神の使徒」と自任し、アフリカ系米国人たちがムスリムとしての本性に目覚めるよう訴えた。この「ネーション・オブ・イスラム」の運動の本部は、シカゴに置かれたが、大都市周辺の黒人居住区に「ネーション・オブ・イスラム」の寺院が次々と建立されていく。

さらに、「ネーション・オブ・イスラム」が米国社会で強い関心をもたれるようになったのは、エライジャ・ムハンマドのスポークスマンであったマルコムX（一九二五〜六五年）がその激越な論理で、米国社会を批判してからである。マルコムXは、ネブラスカ州のオマハの貧しいクリスチャンの家庭に生まれた。彼は、父親が殺害され、また母親が精神病院での生活を余儀なくされており、さらに兄弟たちが孤児院での生活を送るようになったのは、すべて白人のせいだと考えるようになった。こうした不幸な家庭環境は、彼の思想形成に大きな影響を及ぼしたことは明らかである。窃盗罪で逮捕され、六年間刑務所で生活を送るうちに彼は知的な関心をもつようになり、東西の哲学、文学、キリスト教、遺伝学などの文献を読みあさり、その読書量は米国の平均的な大学生のそれを上回ると言われたほどであった。結局、彼はイスラムに傾倒することになり、一九四八年にエライジャ・ムハンマドの下でイスラムに改宗する。

マルコムXは、エライジャ・ムハンマドの「神は黒人であり、アフリカ系米国人を解放し、悪魔、白人の抑圧者を殲滅する」というレトリックに大きな感銘を受ける。一九五四年、マルコムXは、エライジャ・ムハンマドによって、ニューヨーク・ハーレム地区にある「第七寺院」の指導者となったが、五〇年代後半から六〇年代前半にかけての米国や第三世界での活動は、人種主義を批判し、アフリカ系米国人の解放を唱える彼の主張をますます強めていくことになった。

マルコムXは一九六四年に「ネーション・オブ・イスラム」の活動から離れたが、その理由にはマルコムXが宗教よりも政治活動に積極的に関与していきたいという願望もあった。またマルコムXには「ネーション・オブ・イスラム」を離れることによって、スンニ派のイスラムに帰依したいという思いもあったとも言われる。マルコムXはムスリムとしての彼の信用を確実にするために、一九六四年にスンニ派イスラムに改宗し、巡礼（ハッジ）を行う。マルコムXは、「巡礼にはあらゆる肌や瞳の色の人々が参加し、米国社会では決して体験することがなかった人々の精神の統一性や同胞意識を感ずることができた」と語った。一九六五年二月二十一日に彼に反感をもつ「ネーション・オブ・イスラム」のメンバー三人によって殺害された。

マルコムXの社会的影響は、正統派のムスリムとして改宗したムスリム名「エル・ハッジュ・マリク・エル・シャバッズ」としてよりも、やはり「マルコムX」としてのほうが大きい。主に非ムスリムのアフリカ系米国人の働きかけによって、ニューヨーク市は、市の記念碑をマルコムXが暗殺されたオードゥボン舞踏場に建立した。マルコムXの誕生日と、彼が射殺された一九六五年二月二十一日は、「ネーション・オブ・イスラム」のメンバーによって、毎年記念行事が催されている。

マルコムXの葬儀は、キリスト教の教会で催され、スンナ派ムスリムの出席は目立たなかったが、これらのこともマルコムXが、イスラムの宗教家としてよりも、黒人解放運動の旗手として米国社会では意識されていることを示している。実際、米国のムスリムたちは、非ムスリムのマルコムXの信奉者たちが、彼の関心がイスラムの普及というよりも、主にアフリカ系米国人の市民権や人権の拡大にあったことを強調しすぎると批判している。

## 不屈の平和魂と反人種主義——モハメド・アリ

ケンタッキー州ルイビルで自転車を盗まれたカシアス・クレイ少年は警官に被害を訴え、「盗んだ奴をぶちのめしてやる」と語るが、それを聞いた警官から「ぶちのめす前に喧嘩の仕方を学んでおいたほうがいいぞ」と言われ、ボクシングを始める。

クレイは類まれな才能を発揮し、一九六四年二月二十五日に当時「最強の男」と形容され、三五勝一敗と抜群の強さを誇っていたソニー・リストンをノックアウトで倒し、「俺は最も偉大だ！」と叫ぶ。同じ年、カシアス・クレイは名前を「モハメド・アリ」と改名する。改名の理由は彼がイスラムに改宗したからだが、彼は「モハメド」は「賞賛に値する」、「アリ」は「最も高い」という意味だと誇って語る。イスラムに改宗した理由にはイスラムの公正や平等思想に、当時の米国社会で黒人に対する人種差別がある中で惹かれたこともある。

一九六〇年のローマ・オリンピックで金メダルを獲得しても人種差別の待遇を受け続けたモハメド・アリは、一九六七年四月に徴兵を拒否した。「俺がなんでわざわざ一万マイルも離れた国まで出かけていって白人が有色人種を支配し続けるために人殺しをし、国を焼き払うのを手助けしなきゃならないんだ?」「いかなる理由があろうとも、殺人に加担することはできない。アラーの教えに背くわけにはいかない」（モハメド・アリ）。

アリは米国の戦争の中心に人種主義が存在することを強く意識していた。第二次世界大戦後の米国の戦争はベトナム、カンボジア、ニカラグア、シリア、リビアなど、白人以外の人種の国に限定されてきた。アリはベトナム戦争について「白人が黄色人種と戦うために黒人を送り、赤い人々（ネイティブ・アメリカン）から奪った土地を守ろうとしている」と述べ、「ベトコンと戦う理由はない。ベトコンは私を『ニガー』と呼んだことはない」と徴兵を忌避した。

アリの勇気はさらに連鎖していく。徴兵拒否の一年後に開催されたメキシコ・オリンピックの陸上男子二〇〇メートル決勝に出場したトミー・スミスとジョン・カーロスは当初から米国社会の人種差別に抗議してオリンピックをボイコットしようと思っていた。しかし、尊敬していたキング牧師の暗殺が契機となって黒人の思いを伝えるために出場して彼らの思いをアピールすることにする。スミスが金メダル、カーロスは銅メダルを獲得した。銀メダルのオーストラリアのピーター・ノーマンも二人の思いに共感して、二人がメンバーだった人権プロジェクトのバッチをつけて表彰台に上がった。スミスとノーマンは黒い手袋を高々と上げ、人種差別に抗議した。二人はオリンピックから永久追放されたが、謝罪や後悔の発言をすることは決してなかった。

「モハメド・アリも私たちも自分の信念のために立ち上がった。そのことで罰せられたのだ。私が謝ったり、撤回したりすればコーチや仕事への道が開けるのではないかと提案してくれる人もいたが、私は正しいことをしたのに謝ることはできないと思ったんだ」（カーロス）。オーストラリアのノーマンも政治的行為に加担したと冷遇され、アスリートとして優秀であったにもかかわらず、二度とオリンピック代表に選ばれることはなかった。

徴兵拒否から七年、最高裁で無罪を勝ち取ったモハメド・アリはキンシャサで無敗の王者ジョージ・フォアマンと対戦した。アリはすでに三二歳、ボクサーとしては峠を越していたが、第八ラウンドでノックアウト勝ちして、「キンシャサの奇跡」と呼ばれた。アリは同じ一九七四年にレバノン・ベイルートを訪れ、一九四七年から四八年にかけてのイスラエル建国によって故地を逃れてきたパレスチナ難民キャンプを訪問した。難民キャンプ訪問後、アリは「私と米国のムスリムの名においてパレスチナ人の故地解放のための闘争を支持することを宣言する」と述べた。当時、米国で著名人がイスラエルを明確に批判することは極めてまれなことだった。

モハメド・アリは、二〇〇五年にイスラム神秘主義の信仰をもつようになったが、その教団を興したのは北インド生まれの神秘主義者のイナーヤト・ハーン（一八八二～一九二七年）だった。イナーヤト・ハーンは「我々は異なる名称、異なる形態で一つの宗教に帰依している。異なる名称や形態の背景には同じ精神や真理がある」と説いた。

二〇一五年十二月に米国大統領選挙で共和党の指名争いに参加するようになったドナルド・トランプが、イスラムは危険であると米国へのムスリム移民の禁止を唱え、スポーツ界のヒーローにはムスリムはいないと述べると、アリはイスラムには無辜《むこ》の人を殺害する正当性がないと述べ、ジハーディスト（過激派）はイスラムの本質に反していると述べた。

アリの反戦と反人種主義は、彼のテーマとなったが、それが米国で評価されていたことは、アトランタ・オリンピックの聖火最終ランナーとなったことでも明らかだった。モハメド・アリの人生は、世界に宗教や人種を超えた普遍主義を確認させることになった。メッカ巡礼をめぐるイスラム諸国間の対立、狭量な宗派・民族紛争、さらには欧米諸国や日本でも見られる人種・民族的偏見をも呑みこむ普遍的な慈愛を彼の人生は教えてくれた。

## 米国政治を左右する福音派プロテスタント

ピュー・リサーチ・センターの統計によれば、米国のクリスチャンの人口は七〇・六％、そのうち福音派プロテスタントが二五・四％、主流プロテスタントが一四・七％だから米国では福音派人口は抜きんでて多いことがわかる。

福音主義の考えや主張は極端に原理的、復古的なものであり、人工中絶の禁止を唱え、たとえレイプされて妊娠したとしても中絶は許されないと考える。また、同性愛者の権利向上への反対と、「伝統的な家庭の価値」を標榜し、家族同士の結びつきを重んずる。さらに同性愛者、または異性間の、不道徳なアナル・セックスやオーラル・セックスなど「異常な性行為」にも反対する。

福音派は、公共の場での信仰活動を行うこと、たとえば学校で礼拝することを提唱する。また、公教育の場で、聖書の記述に反する進化論や地質学を教えない代わりに聖書に基づく創造科学を教育科目にすることを訴える。宗教的な慈善事業や政府による学校への財政的支援の制限解除を主張し、また合衆国裁判所が政教分離原則をより厳格にすることに反対する。さらに、宗教右派が退廃、猥褻であるとする書籍、音楽、テレビ番組、映画など（特にポルノに関係するもの）の禁止をも求める。

福音派は、共和党の政策や方針に影響を与えることが多い。共和党から大統領選挙に出馬する候補者は、福音派の支持を獲得することが特に予備選挙の段階で重要であるが、一方で福音派の主張を政策にあまりに反映させることは本選挙における無党派層の取り込みに不利となる。そのため共和党の政治家は福音主義者の主張をどこまで受け入れたらよいかというジレンマや課題に遭遇せざるをえない。

この米国の福音主義者たちは米国の外交政策に特筆すべき影響を及ぼし、その独特の世界観で米国の戦争を唱道する勢力となっている。福音派は、米国の新保守主義（ネオコン）にも強い影響を及ぼし、ネオコンのシンクタンク「ＰＮＡＣ（アメリカの新世紀プロジェクト）」に集まったジョージ・Ｗ・ブッシュ大統領政権のチェイニー元副大統領やポール・ウォルフォウィッツ元国防副長官、エリオット・エイブラムスなどのネオコン勢力は、すでに一九九〇年代後半にクリントン政権のイラク攻撃を促し、やはり保守的な実業家ルパート・マードックが所有するメディアを通じて反イラク・キャンペーンを張った。

## なぜ福音派はイスラエルの国益を擁護するのか

ネオコンは二〇〇一年の九・一一同時多発テロ事件の背後にサダム・フセイン政権の策動があったと喧伝し、サウジアラビアやイスラエルの人権問題には触れることなく、サダム・フセイン政権下の人権侵害を問題視した。ブッシュ大統領やライス補佐官、チェイニー副大統領、ラムズフェルド国防長官はイラクがあと二年で核兵器をもつという虚偽の情報を流して米国民の間に恐怖をまき散らした。ネオコンがイラクに関する虚偽の情報をねつ造し、強調していった理由は、イスラエルの安全保障を確実にすること、米国内でイスラエルの利益を擁護する福音派がイラクで布教活動ができること、イラク石油の権利を獲得する意図があったこと、軍産複合体が武器・弾薬を売却する機会をもつことなどがあり、イラク戦争に至る過程で福音主義者たちは戦争を唱道していった。

ネオコンは一九九六年にイスラエル首相となるベンヤミン・ネタニヤフらとともに、イラクに一九五八年の軍事クーデターで打倒されたハーシム家の王政を復活させることも構想した。ヨルダンのハーシム家の王政は一九九五年にイスラエルと平和条約を結んでいたが、イスラエルに親近感をもつ国が中東地域で増えることを目指した。

米国の福音主義者たちはイスラエルの国益を擁護すればするほどキリストの復活が早まるという考えをもっている。彼らは、パレスチナ国家はイスラエルの安全を危うくし、ユダヤ人が神から与えられた土地を放棄させようとしていると主張している。二〇一九年には国連加盟国一九三カ国のうち一三八カ国がパレスチナ国家の創設を認めており、福音主義者たちの考えは国際社会の意思にも反するものだ。

十九世紀イギリスの神学者ジョン・ネルソン・ダービーはユダヤ人がエルサレムを支配して、バビロニア人が壊した第一神殿、またローマ人が破壊した第二のユダヤ王国の神殿の跡に第三の神殿を築くべきだと訴えた。ダービーによれば、これはキリスト教徒が地上における七年間の混乱と苦難の最悪の期間からキリストによって救われる「携挙（ラプチャー）」の前提と考えた。これに続いて「アルマゲドン」と呼ばれる善と悪の戦いがあり、悪魔が敗れ、キリストが至福の王国を建設する。このダービーの考えは、米国の福音派によるイスラエル支持の源流となる考えであり、至福の王国の実現は一九四〇年代のイスラエル建国によって可能になったと米国の福音派は考える。

米国の福音主義に多大な影響を与えた人物にハル・リンゼイ（一九二九年生まれ）がいる。彼は『地球最後の日』（いのちのことば社）を著して、この本は一九九〇年までに二八〇〇万部を売る大ベストセラーとなった。これによれば、善と悪のアルマゲドンの後、キリストが千年至福王国の王として再臨する、また人が生き残りたければ、占領を含めてイスラエルの利益を支持すべきであることが説かれている。

福音派はイスラエルの国益を擁護するために、イスラエルの敵を排除することを訴え、イラク戦争を唱道し、またイランとの戦争までも主張している。さらにヨルダン川西岸やガザ地区からパレスチナ・アラブ人を放逐するよう唱え、これらの地域がイスラエルに含まれるべきだと主張する。こうした考えはイスラエルの強硬派と合致するものである。しかし、米国以外の福音派にはこうした考えは見られない。

戦争を唱道すること、つまり人を殺害することは人間の幸福を考えるという宗教の本質からは逸脱し、米国の福音派をキリスト教と見なさないと発言するクリスチャンたちもカトリックの信徒などに少なからずいる。宗教に暴力の正当性を求めるという点では福音主義者たちはＩＳやアルカイダなどとも同様とも言えるほどの過激さだ。

トランプ元大統領は、エルサレムに米国大使館に移転し、またシリアのゴラン高原にイスラエルの主権を認め、事実上パレスチナに対するイスラエルの一国支配を認めてしまった。米国の言語学者のノーム・チョムスキーによれば、イスラエルはリベラルな市民の支持を失い、欧米の最も反動的な勢力や原理主義的な福音派よって支持されるようになり、福音派の運動は、反セム（反ユダヤ）主義のイデオロギーをもちながらも、イスラエルの過激な行動を支持している。福音派の考えでは、イエスの復活によって成立する千年至福王国ではユダヤ人の特別的な地位を認めることはない。トランプ大統領を支持した福音派には白人至上主義者が多く、福音主義者たちは現在イスラエルを支持しているものの、その反ユダヤ的傾向とも相まって彼らのイスラエル支持が絶対的とは決して言えない。いずれ、福音主義者たちが人種主義的傾向からユダヤ人支持を切り捨てることは十分考えられる。米国の福音主義は、日本ではあまり知られていないかもしれないが、中東イスラム世界をはじめ国際社会からはイラク戦争など米国の突出した政策を形成する要因と見なされている。

## VII 増加する世界のムスリム人口

二〇二〇年代前半の現在、世界のムスリム人口は一八億人と見積もられている。二〇一五年から六〇年にかけて世界人口は三二％増えると見られる一方で、ムスリム人口は同じ期間で七〇％増加し、三〇億人になることが見込まれ、世界最大の宗教人口になると見られている。イスラム人口の増加はすでに述べた通り武力による強制的な改宗というよりも、イスラムの教義に魅せられて自発的な改宗のケースのほうが多かった。特にその傾向は東南アジアのイスラム化の過程で見られた。

また、イスラム世界では女性の家庭での役割を重視する結果、出生率が他の宗教人口よりも高く、ムスリム女性は平均で二・九人の子どもを出産する。それは二・六人のクリスチャンよりも多く、他の宗教の二・二人よりも多い。サハラ以南のアフリカでもムスリム人口は若く、出生率が高い。インドでもムスリム人口は二〇一五年に全人口の一四・九％であったのが、二〇六〇年には一九・四％、三億三三〇〇万人になることが見込まれ、モディ首相のようなヒンドゥー至上主義との衝突が懸念されている（数字はピュー・リサーチ・センターによる）。

また、イスラムではキリスト教やユダヤ教など他の一神教には寛容だが、イスラム教徒が信仰を放棄する棄教については死刑という厳罰が処せられることになっていて、この棄教に対する厳しい罰則もまたイスラム人口が決して減らないことの背景になっている。この章ではムスリム人口がどうして増えるのか、その背景や原因を探る。また日本では知られていないが、「米国の裏庭」と形容されるラテンアメリカ諸国にアラブ・イスラムの文化遺産や生活習慣が多く存在している。その背景とラテンアメリカ諸国のイスラム文化やムスリムたちの動静が及ぼす政治・社会・文化への影響を紹介する。

## インドネシアのムスリム人口増加をもたらしたスパイス交易

ペルシア湾周辺とイエメン出身のペルシア・アラブ系の海民たちは、ココヤシやチーク材を使い、三角帆をつけたダウ船で、モンスーン（季節風）を利用してペルシア湾や、現在のイエメンを含む南アラビアから東南アジアまでの海上交易に従事した。また、インド南西部のマラバール地方のムスリム商人たちは、マラッカ海峡を通過して中国との交易を行ったが、その航海はモンスーンによって可能だった。商人たちが通過するマラッカ海峡は、モンスーンによる航海システムの要衝でもあり、スーフィズム（イスラム神秘主義）がこれら商人を通じて、宣教されていった。

こうした歴史からインドネシアのイエメン系の人々もインドネシアの在地社会と融合した。二〇〇〇年代初め米国の軍事介入に反発したインドネシアのイスラム思想家であるアブ・バカル・バシール（一九三八年生まれ）もイエメン系のインドネシア人だ。バシールはインドネシア・ジャカルタのマリオットホテルを爆破したジェマ・イスラミアに影響力をもっていると見られている。二〇二一年時点のインドネシアのムスリム人口は二億三一〇〇万人と、二位パキスタンの二億一二三〇万人を上回り、世界第一位である。

東南アジアなど地理的に広い範囲でイスラムの普及をもたらしたのは香料貿易だ。アッバース朝（七五〇～一二五八年）などのイスラム世界が東西のスパイス（香辛料）交易を支配したことで、莫大な富と繁栄がもたらされた。前述した通り、その富は医学、科学、文学などイスラムの学問分野の発展を促す背景にもなった。アッバース朝は香料貿易で多くの利益を得た。シンドバッドなどの伝説が生まれるのもこの時代である。アッバース朝の商人たちはバグダードで得た香料を現在イラク南部のバスラで積み込んでいたが、ナツメグやシナモンなどが香料貿易で扱われた主要な商品だった。

七世紀から八世紀にインドと東南アジアを結ぶ香料貿易を担ったのは、イエメンやオマーンのアラブ商人たちだった。アラブ商人たちが残した記録には現在のインドネシア、モロッカ諸島に関するものもある。モロッカ諸島の産物は、ペルシア湾、紅海に近いジェッダなどのアラビア半島にもたらされ、そこから陸路で地中海の沿岸部にまで運ばれた。

八世紀から十五世紀まで中東とヨーロッパの交易で独占的利益を得たのはヴェネツィアであった。絹、スパイス、乳香、ハーブ、生薬などで地中海沿岸の都市国家は経済的に潤っていった。その中でも最も高価だったのはスパイスで、アジアやアフリカから仕入れていた。ヴェネツィア商人の経済的繁栄は、一四五三年のビザンツ帝国の首都コンスタンティノープルの陥落とオスマン帝国の台頭まで揺るがなかった。

スパイスの交易はユーラシア大陸の東から西まで文明や宗教世界を結びながら行われ、その中ではムスリムとクリスチャンの協力があった。中世世界において東西世界を結ぶスパイス交易の中心を担ったのはアラブなどムスリム商人たちで、彼らはインドからペルシア湾、紅海を通ってエジプトのアレクサンドリアまで輸送した。

スパイスはヨーロッパや中東イスラム世界で人気や需要があった。スパイスが紹介されたことで、ヨーロッパでは調理が工夫されるようになったとも言われている。ヨーロッパで特に人気のあったスパイスは、シナモン、黒胡椒、ジンジャー、サフランで、ヨーロッパでは三〇〇近いスパイスが流通していたと見られている。長い旅程を経てヨーロッパにやって来たスパイスは、乾燥されて長持ちするように工夫されていたが、中世ヨーロッパでは大変高額だった。

東南アジアのイスラムは、ムスリムの商業活動によってもたらされた。インド南西部のマラバール地方のムスリム商人たちは、マラッカ海峡を通過して中国との交易を行ったが、その航海はモンスーンによって可能だった。モンスーンを利用する商人たちが通過するマラッカ海峡は、モンスーンによる航海システムの要でもあった。ムスリム商人たちはベンガル湾から東方へモンスーンによって中国に向かった。

ベルベル系のアラブ人旅行家のイブン・バットゥータ（一三〇四～六八／六九年）は、海路でモルディブ諸島からセイロン、ベンガル、スマトラ、泉州へと旅を続けた。

東南アジア最初のムスリム国家はアチェで十五世紀末に成立した。アチェはスルタン・イスカンダル・ムダ（在位：一六〇七～三六年）の時代に最盛期を迎え、インド洋交易の中心となり、西方イスラム世界との知的交流の中心ともなっていった。

インドネシアのマカッサルは十七世紀にオランダと競合するムスリム商人たちの中心地になり、ジャヴァ島ではイスラム神秘主義の活動がイスラムの伝道の役割を担っていったが、こうした東南アジアのムスリム商人たちの活動を見れば、十七世紀頃のオスマン帝国の銅貨が沖縄県の勝連城から出土したというのもうなずける。

## なぜムスリムは増加するのか

女性の社会的進出が少ないこともイスラム人口増加の要因になってきたことは否めない。イスラムでは社会的役割は男性が、家庭の役割は女性が担う傾向が強いが、それはイスラムのフェミニズムにも影響されるものでもあった。ムスリム女性が着用するチャードル（顔だけ出して体を覆う布）やヒジャーブ（スカーフ）は女性の保護を表し、不特定多数の男性に女性の魅力ある部分を見せてはならないという教えがある。

特に女子教育の普及が遅れている国や地域では女性の社会的進出が見られない。二〇二一年八月にアフガニスタンでタリバンが政権を奪取後、女子教育を停止することが国際社会の批判を浴びるようになった。

タリバンは二十世紀にインドで成長したイスラムの改革イデオロギーであるデオバンド派に傾倒する組織だ。彼らは南アジアのイスラムに対するヒンドゥーやイギリスの影響を極度に嫌う。一九八〇年代の対ソ戦争ではアフガニスタンやパキスタンなど南アジア社会の急進化をもたらした。

アフガニスタンでは一〇〇万人が死亡し、二〇〇万人が国内難民化、また二〇〇万人がイランに、さらに三〇〇万人がパキスタンに逃れた。特にパキスタンに逃れた青年層のアフガン人たちは屈辱的で、過激な感情が生まれていったに違いない。

一九八〇年代のアフガニスタンでの対ソ戦争でサウジアラビアからの義勇兵（ムジャヒディン）が集まると、サウジアラビアの国教で、イスラムの純化を求める厳格なワッハーブ派のイデオロギーがデオバンド派に取り入れられていった。タリバンのメンバーの多くは孤児で、また男子だけの教育を受け、女性を知ることがなかった。タリバンは女子嫌いの性癖をもつようになり、女子の教育や社会進出に反発していった。

現在、多くのイスラム諸国では女子教育に注目し、力を入れ始めている。クウェート、バーレーン、ヨルダンでは女子教育の普及率が上がっている。モロッコやエジプトなどの貧困国では、女子教育の整備は遅れているものの、エジプトでは二〇〇〇年に一五歳から二四歳の男子の識字率が八〇%、女子は六四%だったが、政府が教育の改善に努めた結果、二〇一七年には男子が九四%、女子が九二%に上がっていった。女子の教育率が上がれば、その子どもたちもまた教育を受けることになる。ＩＭＦはエジプトの女子教育の普及が男子並みになれば、ＧＤＰは三四%増加すると見積もっている。

イランでは大学の学部生の数では女子が上回り、それが二〇二二年のヒジャーブ強制着用への抗議運動の一つの背景となった。女子の政治意識が高まり、力をともなうヒジャーブの着用強制への疑問が強まっていった。また、女子の高等教育が進んだ結果、それに見合う職が供給できないという問題もイランでは強く意識されるようになっている。

パキスタンは経済的に貧しく、大土地制が地方を支配する。一九四七年、インド・パキスタンの分離独立の際に、パキスタンは英領インド帝国の経済的に貧しい北部地域を領土にし、その経済格差が継続している。

イギリスが支配したインド帝国から生まれたインドやバングラデシュと比較してもパキスタンの識字率は低い。四〇%が非識字で、地方部では早婚が多い。パキスタンの女子の識字率は三六%でインドの四八%に比べても低い。女子教育を妨げているのはタリバンのイデオロギーだけでなく、パキスタンの政治エリートたちが女子教育の整備や発展に注意を向けないことが大きい。

女子の教育は、女子の社会的進出を促し、出生率を下げ、雇用機会の調整をもたらすことにもなる。また女子の政治や経済界への進出は政治を成熟させ、さらに経済発展の原動力にもなろう。イスラム諸国、また日本など国際社会も大いに注目してパキスタン政府の自助努力を促し、協力していくべき分野である。

宗教に訴える武装集団の活動は、増え続けるムスリムの人口に職の供給が追い付かないという問題が大きい。女子の教育レベルが上がり、社会的進出が進んで出生率が低下すれば、職にあぶれる青年も減少するに違いない。

アフガン全土を支配したタリバンが女性たちをどう扱うかがメディアなどの焦点になっている。米軍など欧米諸国の軍隊がアフガニスタンに二〇年間駐留したが、その間もアフガニスタンでは女性の地位が上昇したわけではなかった。アフガニスタンの中央統計局のデータによれば、アフガニスタンの女性の八四％は非識字で、高等教育を受けることができた女性は二％にすぎない。

イスラムの主流の考えでは女子教育を禁じていない。イスラムのハディース（預言者ムハンマドの言行を記録したもの）には「男子であれ、女子であれ、すべてのムスリムには知識を探求する義務がある」という教えがある。

アフガニスタンが一九一九年にイギリスから独立を回復すると、アマヌッラー国王（在位：一九一九～二九年）は世俗的な教育改革を推進し、女子教育の拡大に道を開いた。特にザーヒル・シャー（在位：一九三三～七三年）の四〇年間の統治時代に女子の教育機会は拡大し、一九七〇年代になると、カブール大学の学生総数一万人の六割が女子学生となった。さらに、一九七九年に始まったソ連の占領時代に女性の社会的進出は進み、アフガニスタンの大学では女性も教職に就くほどになった。

アフガニスタンで女子教育を否定するような傾向が生まれるのは一九八〇年代にソ連軍に抵抗したムジャヒディンたちがパキスタンや、サウジアラビアなど周辺のイスラム諸国の保守的なイスラムの解釈の影響を受けてからだ。

一九九二年に共産党政権が崩壊すると、元ムジャヒディンの軍閥たちは女性の役割を限定していき、一九九六年に始まるタリバン時代になると、女子教育はいっそう制限され、女子のわずか三％が基本的教育を受けられるという有様だった。カブールを制圧したタリバンにもアフガニスタンで女子の教育機会の拡大を図るとともに女子への暴力を減らすことが求められているが、女性の地位について現在のタリバン指導部がどれほどの理解や自覚があるだろうか？

## ムスリム人口の増加に貢献するスーフィズム

イスラム人口の拡大に大きく貢献してきたのはイスラムのスーフィズムの信仰だ。スーフィズムは、世事への関心を断ち、真の神を求める思想や活動から出発した。それはまた預言者ムハンマドの時代の敬虔で、清貧な生活に回帰する運動でもあり、預言者ムハンマドは粗末な「スーフ（アラビア語で羊毛）」をまとった禁欲主義者（スーフィ）であったと解釈するところからスーフィズムの名前がついた。

イスラム圏では、特に人間が神に近づく実践を求めるスーフィズム（日本語では「イスラム神秘主義」とも訳される）ではズィクル（神を想起する修行法）とサマーウ（音楽や舞踏をともなう修行）が重視され、特にサマーウでは、楽器の伴奏が付けられて、イスラム神秘主義者たちの社会的絆は強化されていった。

スーフィズムは、愛と知恵と、また神と人間が一つになれるという恍惚の境地を説く。神秘主義教団によって提供される社会的結合力は、とりわけ重要であり、教団内部では他者との相互扶助、相互尊重が説かれる。神秘主義の相互扶助は特に孤児や寡婦など社会的弱者に対して顕著に現れ、信徒から集められた上納金は、義捐金《ぎえんきん》として与えられてきた。

スーフィズムのルーツはイスラム世界が拡大するにつれて現れた俗物性に対する禁欲主義にあったと見られている。スーフィズムは大衆を教化し、イスラム教徒の精神的関心を高めることによってイスラム社会の形成において重要な役割を果たしてきた。その大規模な宣教活動はユーラシア、アフリカなど世界各地で現在も続いている。

十三世紀はスーフィズムの黄金期とも言われている。スペイン・ムルシアで生まれたスーフィズムの思想家イブン・アラビー（一一六五～一二四〇年）は、人間本来の姿は「完全人間」であると主張し、「完全人間」とは、対立を超越できる人間の理想的姿であり、アッラーの代理、似姿とされる。それは、宇宙のあらゆる存在に神を見て、様々な形態で現れる神を賛美する心をもつ人間である。アラビーは、異教徒や罪人までにも神の顕現を見る寛容な心をもった人間こそが「完全人間」であると考えた。

「私は愛の宗教を告白する。愛のラクダがどこに向おうとも、愛こそ私の宗教であり、私の信仰である」（イブン・アラビー）

アフガニスタン・バルフ近郊出身の詩人・スーフィであったルーミー（一二〇七〜七三年）は女性について詩作の中で次のように述べている。

女性への敬愛

きみがきみの妻に対し、様々に求めて欲する限り、
表向きには、妻を支配しているのはきみのほうでも、
本当のところ、きみを支配しているのは妻のほうだ。

けれど同時に、それは人が人であることの証しだ。

預言者も言っている、婦人は賢者をも屈服させる、
だが愚かな男は、婦人を屈服させようとする、と。
内在する猛々しい獣性がそうさせているのだ、と。

愛と優しさ。これらこそが人の資質、人の価値だ。
情欲と怒りにまかせた振舞いは、けものの属性だ。

女性とは、神からじかに降り注ぐ一筋の光である。
彼女は、地上に属する束の間の愛人などではない。
彼女は、決してそのように創られたものではない。
創られたというより、創るのはむしろ彼女のほうだ。

きみだって、少なからず思ったことがあるだろう、
「何てことだ、この世のものとも思えない！」と。

（西田今日子訳）

この詩はイスラム社会にもフェミニズムの考えが伝統的に根強く、伝統的にあることを示している。ルーミーはまた「すべての宗教は、同じ一つの歌を歌っている。相違は幻想と空虚にすぎない」とも述べ、彼はこの短い詩と同様な事象を「道はいろいろ違っても、行きつく先はただ一つ」とも表現した。

私は争うために　この世に生を受けたのではない
愛することこそ　わが人生の使命である
（ユヌス・エムレ〈トルコの国民的詩人で、スーフィ思想家：一二三八〜一三二〇年〉）

寛容を訴えるルーミーの作品は現在米国で最も人気のある詩とされ、俳優のブラッド・ピットの右腕にもコールマン・バークスの英訳で「There exists a field, beyond all notions of right and wrong. I will meet you there.（正しさと誤りの概念を超えたところに野原がある。そこで君と会うだろう）」という相違を乗り越えて寛容になろうと訴える詩がタトゥーで彫られている。ルーミーの詩は米国を占領したとも言われているくらいで、女優のデミ・ムーア、歌手のマドンナ、シンガーソングライターのビヨンセなど米国の著名人の間ではルーミーを称賛する人々が少なからずいる。

スーフィ教団は信仰する人々に結束する力を与え、イスラム本来の教義とは異なって教団の創始者の墓が聖地になったり、音楽や祭礼などの行事も催されるようになり、また民間信仰とも結びついたりした。

エジプトのアフマド・バダウィー（一一九九／一二〇〇〜七六年）はイスラム科学の学者だったが、隠遁と沈思黙考の生活を送った後に、奇跡を起こす聖者として知られるようになり、数千人の信徒を抱えるようになった。屋根の上で目が赤く、痛くなるまで太陽を見つめる行為は彼の信徒たちも模倣するようになった。土着の信仰や儀礼を採り入れたような彼のアフマディー教団にはマムルーク朝（一二五〇〜一五一七年）の指導者たちも入信するようになったが、アフマディー教団は現在でもエジプトで最も多くの信奉者を集めている。

トルコのベクタシュ教団は、一二四二年にニーシャプールに生まれたハッジ・ベクタシュによって創始され、シーア派の初代イマーム（シーア派のイスラム共同体の最高指導者）への尊崇を信仰の拠り所とするものの、ハッジ・ベクタシュ自身は、スンニ派であるオスマン帝国のイェニチェリ軍団の守護聖者とされた。オスマン帝国支配下のバルカン半島へのイスラムの普及に大きな役割を果たし、一九二五年にスーフィズムがトルコ共和国の世俗化政策によって禁止されても、多くの人々はスーフィズムの神秘的・精神的伝統の中で生きている。

カーディリー教団は現在、西アフリカからインドまでの広い地域で信仰され、その創始者のアブドゥル・カーディル・ジーラーニー（一〇七七／七八～一一六六）のイラク・バグダードにある墓廟はいまだに巡礼の地となっている。

スーフィ教団は十九世紀になるとヨーロッパ帝国主義との戦いでその前衛に立ち、リビアではサヌーシー教団がイタリアに抵抗した。四代目の教団指導者ムハンマド・イドリース・アッサヌーシー（一八八九～一九八三年）は、一九五一年に独立したリビアの国王となっている。

## ムスリムのウイグル人の人口増加を警戒する中国

イスラム人口の増加に頭を悩ましその人口抑制を図る国がある。中国はイスラムを信仰するウイグル人など中国縁辺の少数民族の分離独立運動が、体制への重大な脅威になると見ている。そのためにはウイグル人の人口抑制が欠かせないと考えている。

ドイツの研究者エイドリアン・ゼンツ氏とＡＰは、中国がイスラムを信仰するウイグル人たちの出生率を下げるために、子宮内避妊具の強制装着や、強制的不妊手術、さらには人工中絶の強要までも行っていると報告した。

こうした中国政府の措置によって、新疆ウイグルのホータンやカシュガルでは二〇一五年から一八年にかけて出生率が六〇％も落ち込んだ。また新疆ウイグル自治区全体でも出生率は二四%下がった。中国の全国平均では四・二%の低下だからウイグル人たちに対する産児制限がいかに執拗で、徹底したものかがうかがえるだろう。こうした産児制限は、漢人の新疆ウイグル自治区への移住が進むにつれて特に顕著に行われるようになっている。(「ドイチェ・ヴェレ」二〇二〇年七月一日)

中国の強制不妊などの措置はナチス・ドイツが四〇万人の障害者たちに強制不妊手術を施した優生思想に基づく断種法や、日本の優生保護法による強制不妊を想起させるが、ウイグルという特定の民族に対して行うのは明らかに民族浄化の措置である。国連総会などでは中国の強制不妊を非難する動きも現われ始めている。

米国下院は、二〇二〇年五月二十七日、ウイグル人権法をほぼ全会一致で成立させている。この法律でウイグル人への人権抑圧に加担した人物に対してビザの発給停止や資産凍結などの制裁を科すことになったが、ペロシ下院議長(当時)は、「迫害された人にあなたたちを忘れないとのメッセージを伝える」ものだと法案成立の意義を強調している。

フランス人写真家のパトリック・ワック氏は二〇一九年に新疆ウイグル自治区を訪れると、ウイグルの伝統的文化を示すものがほとんど消えてしまっていることに気づいたと言う。女性たちはスカーフを被ることなく、ウイグル人たちも漢人のような服を着せられ、イスラム文化を感じさせるシンボルは撤去されてしまった。また二〇歳から六〇歳ぐらいのウイグル人男性たちの姿がほとんど見られず、ワック氏は彼らの多くは再教育センターと呼ばれる収容所に入れられてしまったのではないかと語っている。
新疆ウイグル自治区を訪れる漢人の旅行客たちが、かつてのシルクロードのロマンチックな歴史に触れることを目的としてウイグルの民族・歴史を象徴するモニュメントがつくられ、ウイグル人地域のディズニー化が進んでいるとワック氏は語っている。

希望の光は
ウイグルよ　おまえの子孫のもの
理想の目標をもって進むこと
それが私の誇りと栄光

（アブドゥ・ハリク『ウイグルの荒ぶる魂』萩田麗子訳、高木書房）

イギリスのユダヤ人グループは、中国政府のウイグル人たちに対する措置をナチスのホロコーストとも比較し、人道に対する罪と訴えるようになった。ユダヤ人たちは、オンラインでラマダーン期間中にウイグル人に対する連帯を明らかにしたこともある。ホロコーストを経験したユダヤ人たちには、一〇〇万人ものウイグル人たちを強制収容する中国政府の措置が史上まれな大規模な民族浄化と感ぜられているのだろう。

世界的な人権機関「ヒューマン・ライツ・ウォッチ」はウイグル人に対する強制収容、拷問、思想教化、大規模な監視システムを非難し続けている。中国のウイグル政策を変えるには過酷な人権抑圧を行う中国の習近平体制の強権的手法に対して国際社会の批判の声を集めていくことが求められているが、作家の陳舜臣は司馬遼太郎との『対談 中国を考える』（文藝春秋）の中で、中国の少数民族で、ウイグル人について次のように語っている。

「蔣介石《しょうかいせき》の国民政府の時代に、同化政策をやったんですよ。あのころはウイグル族のことを回族と言ってたんですが、蔣介石はそれを禁じたんです。回教徒と呼べ、〝族〟をなくせ。それで漢族化を目指した。つまり日本が台湾や朝鮮でやったと同じ皇民化運動をやった。いまの政府はそれを取り消したわけですよ。いくらやってもダメなんですね。これは少数民族に対する原則ですよ」

ウイグル政策は中国のアキレス腱とも言え、ウイグル人たちの「反乱」がいつ起こっても不思議ではない。

## パキスタンと並ぶ人口のインドのムスリム

中国を抜いて世界最大の人口を抱える国となったインドでも、中国と同様にイスラム教徒の問題は火種としてくすぶり続けている。

一九五一年から二〇一一年にかけてインドのヒンドゥー教徒は三億四〇〇〇万人から九億六六〇〇万人に増加したのに対して、ムスリムは同期間三五〇〇万人から一億七二〇〇万人に増加した。インドはインドネシアに次いでムスリム人口が多い国で、パキスタンのムスリム人口とほぼ同数だ。

二〇一五年八月にインド内務省が発表した「宗教国勢調査二〇一一」で、ヒンドゥー教徒の人口比率が初めて全体の八〇％を下回った。人口全体に占めるヒンズー教徒の比率は一九九一年が八一・五％、二〇〇一年が八〇・五％と、国勢調査を重ねるごとに減少傾向にあるが、ムスリム人口の比率は同じ年にそれぞれ一二・六％、一三・四％と増加傾向をたどった。ピュー・リサーチ・センターの予測では、二〇二〇年にヒンドゥー教徒の人口比率が七九％であったのに対して、ムスリムは一五％だったが、二〇五〇年にはヒンドゥー教徒が七七％、ムスリムは一八％となる。

こうしたムスリムの人口増加は、ヒンドゥー至上主義を掲げる与党（インド人民党）のナレンドラ・モディ首相（在任：二〇一四年〜）にとって大いに懸念することだ。

インドのイスラム差別は、二〇一九年十二月に成立した市民権法にも見られ、この法律によって、二〇一四年十二月三十一日以前にインドに入国したアフガニスタン、バングラデシュ、パキスタンからのヒンドゥー教徒、シーク教徒、仏教徒、ジャイナ教徒、ゾロアスター教徒、キリスト教徒に市民権を与えられることになったが、ムスリムは排除された。いうまでもなくこれら三国のうちで最も多い宗教人口はイスラムである。

インドのイスラムへの改宗は、少し前に触れたスーフィズムを通じて平和的に、自発的に行われていった。インドのスーフィズムは、たとえばムンバイ生まれのスーフィで、ボクサーのモハメド・アリにも多大な精神的影響を与えたとされる前出のイナーヤト・ハーンが、「我々は異なる名称、異なる形態で一つの宗教に帰依している。異なる名称や形態の背景には同じ精神や真理がある」と説いたように、他宗教への敬意を示している。

ヒンドゥー至上主義のモディ政権は、アッサム州などインド北東部でイスラム教徒以外の不法移民に国籍を与えるなど、イスラム教徒に対する差別を明らかにし、かつてムガル帝国などであったインドの宗教間の共存やインド社会のコスモポリタン的性格を意識していないかのようだ。

モディ政権はさらにムスリムが人口の多数を占めるジャンム・カシミール州に対して差

別、抑圧的な措置を露骨にとるようになった。

二〇一九年八月、カシミールで七〇年以上続いてきた自治権をはく奪し、インド中央政府が直接統治を行うようになった。インドは英領インド帝国の支配に苦しんだ国だが、モディ政権のカシミールへの姿勢はイギリスの植民地主義支配と重なるものだ。

イギリス植民地主義に抵抗する心情を表現した詩人のタゴールは、モディ政権が訴えるようなナショナリズムを、その論稿「ナショナリズム」で次のように言い表し、その本質を批判している。

「真実は、西洋のナショナリズムの原点、しかもその中心に紛争と征服の精神がひそんでいるということである」

「全世界中に、恐怖・強欲・猜疑の種子、恥知らずの外交の嘘、そして平和、善意、全世界的兄弟愛の『人間』宣言のまことしやかな嘘をばらまくナショナリズムの精神に、我々は屈従すべきであろうか」

（『タゴール著作集』第八巻所収）

カシミール紛争は、イギリス植民地統治の負の遺産であり、その統治がパキスタンとインドの間の修復しえない紛争要因をもたらしたと言える。イギリスは、植民地インド帝国の解体に際して、インドとパキスタンの分離独立という措置をとったが、これにはムスリムが多数居住する地域をパキスタンに、また非ムスリムであるヒンドゥー教徒やシーク教徒が多数を占める地域をインドに割り当てるという原則が適用された。

しかし、カシミールの帰属問題は、その宗教構成を無視して、藩王の判断で決定された。ヒンドゥー教徒のカシミールの藩王ハリ・シンはカシミールの住民の多数はムスリムだったが、インドへの帰属を決定した。これがインド分割の原則に反するとしてパキスタンとインドの三度にわたる紛争になっている。

極右的なヒンドゥー・ナショナリズムを唱えるモディ政権は、ガンディーやネルーの世俗的多様性のかけらも見せず、ムスリム住民が多いジャンムー・カシミール州の自治権をはく奪したが、モディ首相の支持率も七六%と異様に高い。(『インディア・トゥデイ』二〇二三年四月三日)

インド与党である「インド人民党(BJP)」のヌプール・シャルマ報道官の二〇二二年五月のテレビの討論番組での発言がイスラム系諸国との軋轢を招いたことがあった。シャルマ報道官はイスラムの預言者ムハンマドの妻の一人アーイシャが九歳の時に結婚したことを強調し、ムハンマドが小児性愛者であるかのような印象を与えた。シャルマ報道官はイスラムをからかうような発言が党への支持を高めると考えたのだろう。これにペルシア湾岸のアラブ諸国などイスラム教徒が多数を占める国が反発し、インド製品のボイコットなどが叫ばれ、国際問題に発展し、アラブ諸国などの抗議に応じて六月にシャルマ氏は報道官を解任された。

一九年八月にカシミールで自治権がはく奪された結果、カシミールの政治家、ジャーナリストの逮捕が相次ぎ、一年の間に七〇〇〇人以上が逮捕されている。コロナ禍以前からロックダウンが行われ、商店、学校が閉鎖され、さらにインターネットが遮断された。

## アラブの文化遺産を感じる中米の国――メキシコ

「米国の裏庭」と表現されるラテンアメリカでもイスラム人口は、無視できない勢力になっていて、ラテンアメリカ諸国は米国とは独立した中東政策を追求し、時に米国に反発するのも、国内のアラブ・ムスリム人口を無視できないことも要因としてある。

メキシコにはアラブの文化遺産が少なからず見られる。たとえば、メキシコ第二の都市グアダラハラの名前はアラビア語の「ワーディ・ル・ヒジャーラ（「石の谷」の意味）」に由来し、この都市にもスペインで盛んだったムデハル様式（イベリア半島に残ったムスリムとクリスチャンの建築の特色を融合したもの）の建築物が少なからず見られる。グアダラハラのサンタマリア大聖堂はその典型的な建築物で、ドーム屋根やモザイクの床、窓枠などにアラブの影響が見てとれる。

他にもメキシコのタコスのチェーン店には「エル・カリファ」（イスラム世界の最高指導者を意味する「カリフ」から由来）、「タコス・アラブ」や「エミール（首長）・コーヒー」など、アラビア語名がついた有力なチェーン店がある。

メキシコの代表的チーズのオアハカチーズ（ケスィージョ）もアラブの影響があるとされる。メキシコのお菓子のマサパンの起源は、中世アラブ世界にあり、アッバース朝などでは砂糖とアーモンドで作られたが、メキシコではアーモンドの代わりにピーナッツが使われている。ヨーロッパにはトルコやイベリア半島を通じてもたらされ、ドイツなどでは「マルツィパン」として親しまれている。同様にお菓子のチュロスやオブレアスもアラブ起源のお菓子だ。

スペイン語には四〇〇〇語余りのアラビア語起源の言葉があり、当然のことながらメキシコ人たちもアラビア語起源の言葉を用いながらスペイン語を話す。少々例を挙げれば、limón（リモン）：レモン、álgebra（アルジェブラ）：（数学の）代数、cero（セロ）：ゼロ、almuerzo（アルムエゾ）：昼食、arroz（アロス）：米などだが、たいていはムスリムがイベリア半島に初めて紹介したものだ。料理でも、メキシコ人たちはアラブ・ムスリムたちがイベリア半島にもち込んだコリアンダー、クミン、シナモン、クローブなどの香料を用いる。

一八九〇年代になると、オスマン帝国内の政情不安もあって、レバノン地方からの大量の移民があった。ハリウッド俳優のサルマ・ハエックや「メキシコの通信王」と形容され、世界一の大富豪ともなったカルロス・スリムはレバノンの家系の出身だ。

アラブ移民によって中東のシャワルマなどの食文化ももち込まれた。タコス・アル・パストールは、レバノン移民がメキシコ社会に紹介したもので、タコスと中東のシャワルマを折衷したものだ。また、プエブラで人気がある「タコス・アラブ」はレバノンのように、ピタ（パン）が用いられるが、シャワルマとまったく同じものである。

アラブ系移民の中で特に多いのがレバノンとパレスチナからの移民で、十九世紀から二十世紀にかけておよそ一〇万人のアラブ系移民があった。

二〇一四年七月から八月にかけてイスラエルがパレスチナ・ガザ地区を攻撃し、二〇〇〇人以上の犠牲者が出る事態になるとメキシコ・シティでは、人々がパブロ・ネルーダの詩「そのわけを話そう」の一節を叫びながら抗議の声を上げた。

悪党どもは　祝福をたれる黒衣の坊主どもを従え

悪党どもは　空の高みからやってきて　子どもたちを殺した
街じゅうに　子どもたちの血が
子どもの血として　素朴に流れた
山犬にさえ侮蔑される　この山犬ども！

（『愛と革命の詩人ネルーダ』大島博光著、大月書店）

パブロ・ネルーダ（一九〇四〜七三年）はチリの国民的詩人、外交官、政治家で、スペイン人民戦線とスペイン共和国を支援し、一九七一年にノーベル文学賞を受賞した。

メキシコはパレスチナ問題でイスラエルに対して厳しい姿勢をとっている。二〇二一年、五月二十七日に国連人権理事会は、イスラエルが空爆を行ったガザにおける人権侵害状況について調査委員会の設置を盛り込んだ決議を採択したが、メキシコはこれに賛成票を投じた。イスラエル外務省はメキシコ大使を直ちに呼びつけて説明を求めた。メキシコがパレスチナに共感するのは、ラテンアメリカが「米国の裏庭」とも形容されるほど、米国の介入を受けてきたという歴史と無関係ではなく、イスラエルに軍事的支配されるパレスチナに自らと同様な姿を重ねているのだろう。二〇二一年七月、イスラエルは、拷問や誘拐などでメキシコ政府から指名手配され、イスラエルに亡命しているトーマス・ゼロン元連邦捜査局長の身柄の引き渡しを拒否した。その背景にはメキシコ政府が国連などの場でイスラエル政府のパレスチナ政策を批判し続けていることがある。

## 国連パレスチナ分割決議案に反対したキューバ

キューバにアラブ社会があることも日本ではあまり知られていない。キューバに「アラブ」がやって来たのは、コロンブスの「新大陸発見」の時期で、コロンブスは一四九二年十月二十八日にキューバをスペイン領と宣言した。キューバのアラブ・イスラム文化は料理のアロス・モロ（「ムーア人のご飯」の意味。黒豆ご飯。）や建築のムデハル様式などに見られるが、これらのアラブ文化はスペイン領になってからもち込まれたものだ。

「アロス・モロ」の黒豆はムーア人を、また白飯はクリスチャンを意味し、建築のムデハル様式と同様にイスラム文化とキリスト教文化の折衷を象徴的に表しているという。ムデハル様式の建築物は多くがスペイン人の職人によって十七世紀につくられたが、職人たちが意識しなくてもアラブ的要素が自ずと採り入れられた。キューバには、スペインのフラメンコと、トルコやエジプトなどのベリーダンス、そしてキューバ・ダンスを混ぜたような踊りも見られる。

キューバの独特なグアヤベラ・シャツの起源にもアラブ人たちの貢献がある。グアヤベラ・シャツは、開襟で、左右の身頃を縦に走るタックや刺繡があり、両胸、あるいは両脇にポケットがあるが、カストロたちの革命以前、キューバのアラブ人たちは織物業で中心的役割を果たしていた。

近世、近代になっての移民もあるが、アラブ人たちがキューバに容易に同化したのは、二十世紀のキューバ政府が移民に排他的ではなく、移民労働を必要としていたからだ。オスマン帝国の混乱で、一八六〇年から特に第一次世界大戦中やその後にかけてレバノン、パレスチナ、シリアのクリスチャンたちがキューバに移住してきた。多くのアラブ移民たちは、行商、貿易商として、また米国が所有する工場などで働くようになった。

キューバ独立戦争の英雄で、一八九五年に戦死した詩人のホセ・マルティによっても十九世紀のエジプトやモロッコにおける植民地主義支配への抵抗運動は強く意識され、一八九三年にモロッコ北部で反スペイン暴動が起こると、マルティは「ムーア人（北アフリカのムスリム）になろう！」と呼びかけた。

キューバは、一九四七年の国連パレスチナ分割決議案、つまりイスラエル国家の成立にも反対した国だった。キューバの反対は、法律家だったエルネスト・ディーゴ国連代表によって表明された。ディーゴはバルフォア宣言や国連の分割決議案には何の法的根拠もなく、またこれらは先住のパレスチナ人たちの権利を擁護せず、シオニストの入植者植民地主義は強制によって先住の人々の土地を奪うものであると主張した。

キューバの主張は、パレスチナ問題の本質を突くものと言えるが、現在ではイスラエルは先住のパレスチナのアラブ人たちの土地や家屋を没収するようになっている。スペインの植民地主義に抵抗して、独立したキューバだからイギリス帝国主義によるバルフォア宣言や、シオニストの植民地主義は容認できるものではなかった。イスラエル国家成立に反対したキューバの姿勢はその民族自決運動の遺産によるものだった。

## 人口の一割がアラブ系の国――ブラジル

ブラジルのアラブ人たちは主にシリアやレバノン、さらにはパレスチナから一八八〇年代にやって来て、ブラジルのゴム・ブームで成功することを夢見た。日産自動車の元会長ゴーン被告の祖父もゴムに関心をもってブラジルに移住した一人だ。シリア・レバノンではオスマン帝国の弱体化にともなう社会的混乱があり、また第一次世界大戦後はフランスの支配を受けた。

現在アラブ系のブラジル人は一五〇〇万人から二〇〇〇万人とも見積もられているが、ブラジルの総人口は二億人余りだから人口の一割ぐらいがアラブ系ということになる。アラブ世界以外では最大のアラブ人コミュニティがブラジルにはある。アラブ文化は、この国でも見られ、公用語のポルトガル語の中にはアラビア語由来の言葉がある。現代ポルトガル語の中のアラビア語系の言葉は一六〇〇ぐらいだそうだが、たとえば、「アロス（açucar、米）」、「アスーカル（açucar、砂糖）」「アウファースィ（alface、レタス）」などなど。

ここでもアラブ人たちは小規模な織物業を興したり、ドライ・フルーツの店を始めたり、また行商などで勤勉に働き成功していった。アラブ人たちは子弟に高等教育を受けさせる意欲をもち、医師、弁護士、起業家、政治家などの分野にも進出してった。勤勉に労働し、子弟に高等教育を受けさせるというのは、ユダヤ人が米国社会で成功した背景でもあった。二〇一六年から一八年まで大統領職にあったミシェル・テメルも法律家で、レバノンのマロン派クリスチャンの家庭出身だ。

サンパウロのリベルダージ地区は日系の商店、レストランが建ち並び、日本語の看板を目にするが、同様にリオデジャネイロのサアラ商店街にはアラブ人が所有する店舗、アラブの食料品店、有名な青空市もある。

ブラジルにはアラブ社会と並んで、九万人強のユダヤ社会も存在するが、ここではイスラエル・パレスチナ問題のような対立や不和はない。ブラジルにユダヤ人が移住してきたのはアラブ人よりもはるかに古く、スペインのレコンキスタを契機にするものだった。ユダヤ人たちはオランダに逃れ、十七世紀にオランダ商人とともにブラジルにやって来て、一六三〇年に最初のシナゴーグを建てた。次のユダヤ系移民が大量にあったのは、十九世紀にフランスが進出したモロッコからの移民で西欧化する社会にユダヤの伝統が追い付いていけないことや、やはりモロッコ社会の混乱も背景にあった。さらに二十世紀のナチス・ドイツのユダヤ人迫害が追い打ちをかけた。

ブラジルではユダヤ人たちも勤勉で、成功を収め、アラブ人たちとは互恵的関係を築いていった。サンパウロにはユダヤ系の「アルベルト・アインシュタイン病院」があり、同じくサンパウロには「シリア・レバノン病院」があり、両院は協力関係にある。アラブの団体もまたユダヤ系団体の「平和の道」というプロジェクトに参加し、またリオデジャネイロではアラブ人とユダヤ人が同じ青空市に参加している。

このように、ブラジルではアラブとユダヤの共存の見事なケースを提供しているが、ブラジルもまたパレスチナ問題ではイスラエルの国際法違反に明確に批判を行う国で、二〇二一年五月には七〇人余りの国会議員たちがイスラエルのガザ攻撃や入植地拡大について非難する声明に署名した。

## ラテンアメリカで最大のパレスチナ系社会を抱えるチリ

パレスチナ問題に関するラテンアメリカ諸国の動静について、日本ではあまり報じられることはない。イスラエルの東エルサレム併合に抗議して、二〇二〇年六月三十日、チリ上院は政府にすべての対イスラエル関係を見直すよう要求する決議を成立させた。決議は、イスラエル入植地におけるすべての製品の輸入禁止、イスラエルの占領から利益を得る企業との取引禁止などの促進を求めている。

チリがパレスチナに共感するのは、イスラエルを支援する米国の外交政策に好感をもてないということもあるだろう。チリは一九七三年九月十一日にCIAが画策したクーデターによってピノチェト独裁政権が成立した。ピノチェト政権下では、三五〇〇人から四〇〇〇人が行方不明となり、一五万人から二〇万人の政治犯がいて、一〇万人が拷問を受け、四〇万人が国外逃亡を余儀なくされた。チリ人の対米感情が曇るのは当然とも言えるだろう。

メキシコのところでも紹介したチリの詩人パブロ・ネルーダの長詩「樵夫よ　めざめよ」は次のように始まる。

アメリカ合衆国よ
もしもおまえが追随者に武器をもたせて
汚れない国境を破壊し　シカゴの牛殺しを連れてきて
おれたちの愛する音楽と秩序を　支配しようとするならば

おれたちは石から　空気から飛び出して　おまえに嚙みついてやる
後部の窓から飛び出して　おまえに火を放ってやる
もっとも深い波から飛び出して　おまえを棘で突き刺してやる

（『ネルーダ詩集』田村さと子訳編、思潮社）

チリの少なからぬパレスチナ移民たちも反ピノチェトの運動に関わっていたが、チリがパレスチナに強い同情を示すのは、国内のパレスチナ社会への配慮もあることは間違いない。チリにはパレスチナ以外では最大のパレスチナ人コミュニティがあり、およそ五〇万人が暮らしている（世界全体のパレスチナ人人口は一八〇〇万人ぐらい）。

チリのパレスチナ系住民の大半がキリスト生誕の地ベツレヘム周辺にルーツをもつクリスチャンたちで、十九世紀後半のオスマン帝国の兵役義務、混乱による物資不足、伝染病などから逃れた人々の子孫などだ。また、オリーブの木細工、螺鈿《らでん》細工、ベツレヘム・ストーンなどベツレヘムの特産品がラテンアメリカで売れるようになり、パレスチナ人たちは新たな生活に希望を求めてチリなどラテンアメリカに移住していった。

二十世紀に入って、パレスチナへのシオニストたちの流入やイスラエル建国にともなう混乱や紛争の中で移住してきたパレスチナ人たちは三〇万人ほどで、チリの織物業で有力であり、サンチアゴをフランチャイズとするサッカー・クラブの「パレスティーノ」は、一九二〇年に創設され、その試合は、パレスチナやヨルダンなど中東のパレスチナ人社会でもテレビを通じて観戦されている。チリ政府は二〇一一年にパレスチナ国家を承認したが、チリでもパレスチナ社会は三万人のユダヤ社会とも共存してきた。

二〇二二年十二月二十四日、チリの若い大統領ガブリエル・ボリッチ（一九八六年生まれ）は、チリのパレスチナ・コミュニティとクリスマスを祝うイベントの中で、チリがパレスチナに大使館を開設する予定であることを明らかにした。スピーチの中でボリッチ大統領はパレスチナがグーグルマップなど世界地図の中にはないものの、パレスチナ人たちは現に存在し、抵抗を行い、また彼らには独自の歴史があることを強調した。

ボリッチ大統領はゴラン高原やヨルダン川西岸の占領地で生産されるイスラエルの物品のボイコットも呼びかけ、かねてからパレスチナ人の人権擁護を訴え、テレビなどでもイスラエルを「虐殺・殺人国家」など激しいレトリックで批判してきた。また、イスラエルが観光PRで、国際法上はパレスチナに属す東エルサレムやベツレヘムの画像を使うことにも強く抗議している。

イスラエルでパレスチナ人の徹底的な排斥を唱え、イスラムの聖地ですらユダヤ化を進めようとするイスラエルの極右政党が台頭する現在、パレスチナに大使館を設けるというボリッチ大統領の決定は、その正義への熱情とも相まって、パレスチナ人たちの心強い精神的サポートとなっている。チリのパレスチナに対する支援は、チリ国内のパレスチナ系の人々の精神的連帯もあって消滅することはないように見える。

# Ⅷ 現代世界の宗教人口の検討

## 二〇八〇年代には世界の人口の半数を占めるアフリカ

ピュー・リサーチ・センターによれば、二〇六〇年までにサブサハラ・アフリカでは一〇人に四人がキリスト教徒になると見られているが、それは二〇一五年の二六％からの増加である。それに対してヨーロッパではキリスト教徒の人口減少は顕著になると考えられている。サハラ以南のアフリカでは、キリスト教徒の出生率は他の地域に比べると高く、信徒人口も若年層が多い。北米ではキリスト教徒の人口比率は二〇一五年が一二％であったのが、二〇六〇年には九％に落ち込むことが予想されている。ヨーロッパではキリスト教徒は高齢化するし、宗教活動から離れる人も多く、世俗化が進むと見られている。

サハラ以南のアフリカではムスリム人口は二〇一五年から六〇年の間に、一六％から二七

％に増加する。全世界ではムスリム人口の半分は二〇六〇年に主にインドネシアなどアジア太平洋地域に住むが、サハラ以南も中東・北アフリカを抜いて、アジア太平洋地域に次いでムスリムが多い地域となる。

ムスリム人口が増えるのは高い出生率、若い世代が多いことがある。教義や避妊については既述の通りである。無宗教の人は現在四人に三人だが、この数字も二〇六〇年までに六六％に落ち込むと見られている。ヨーロッパや北米では、世俗化が進み、世界の無宗教の人の九％が北米に住むと見られている。ヒンドゥー教徒の九九％、また仏教徒の九八％がアジア太平洋地域に今後数十年にわたって住み続けると思われる。ユダヤ人人口は二〇一五年にはイスラエルに四二％、米国に四〇％に居住しているが、二〇六〇年にはイスラエルの正統派ユダヤ人の出生率の高さもあって、イスラエルのユダヤ人人口は五三％に増え、米国のユダヤ人人口は三二％に減ると推測されている。

サハラ以南のアフリカでは二〇一五年から六〇年までの間にムスリム人口は、一六％から二七％にまで増加すると推測され、すでに述べた通りイスラムでは棄教が禁じられている。それもイスラムの人口が増える要因になっている。イスラムは異教徒には、たとえば、クリスチャンやユダヤ教徒はズィンミー（被保護民）として、保護しなければならないとされているが、自らの宗教の放棄には厳刑をもって罰することになっている。こうしたイスラムのあり方は欧米世界からは信教の自由を脅かすものだと批判されているが、イスラムの側は、欧米はムスリムのキリスト教への改宗を無理強いしていると非難する。

サハラ以南のアフリカの人口は世界でも最も人口増加が顕著な地域で、二〇一〇年に八億二三〇〇万人であったのが、二〇五〇年には一九億人になると見られている。ムスリムもクリスチャンも二〇五〇年に倍以上になると予想され、その増加のスピードは、ムスリムが一七〇%であるのに対して、クリスチャンは一一五%となっている。ムスリム人口は同期間に二億四八〇〇万人から六億七〇〇〇万人にまで増加する。他方で、キリスト教人口が占める割合は二〇一〇年が六三%であったのに対して、二〇五〇年には五九%に減少する。ムスリムの割合は三〇%から三五%に増加する。

アフリカの人口は二〇八〇年代には世界全体の半数になるそうだ。アフリカの国で二一〇〇年に世界のトップ一〇に入るのが、二位ナイジェリア（七億九一〇〇万人）、六位コンゴ民主共和国（二億四六〇〇万人）、八位エチオピア（二億二三〇〇万人）、九位エジプト（一億九〇〇万人）、一〇位タンザニア（一億八六〇〇万人）で、イスラム教徒（ムスリム）が多数の国が、ナイジェリア（五〇%）、エジプト（九〇%）、タンザニア（四〇%、キリスト教とほぼ同数）と三カ国入っている。

『週刊朝日』（二〇二三年三月十日号）の記事「世界人口の半分がアフリカ人に『アフリカ化』

**図表5　2100年における世界の人口トップ10の予測**

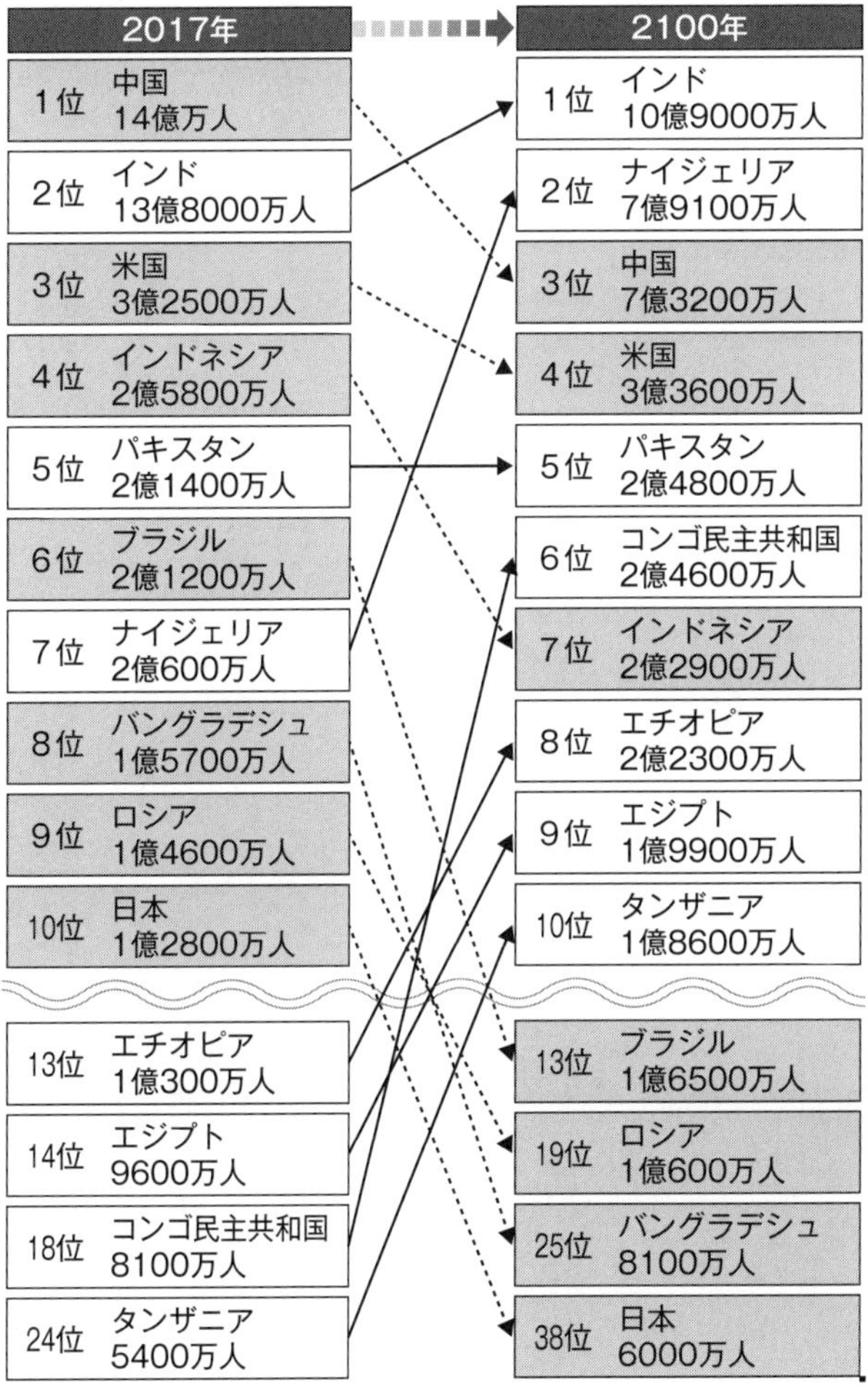


出所：米国ワシントン大学保健指標・保健評価研究所の研究チームの人口推計（Diamond Online より）

する世界が意味するもの」では、アフリカの人口増加の背景には、大衆レベルで一夫多妻制が定着し、児童労働も当たり前のように行われていることなどがある。人口増加を支える食糧生産を維持するために耕地増加の必要があり、そのための児童の労働力が必要というわば「いたちごっこ」の状態に陥っている。一夫多妻制が定着している要因の一つには四人までの妻帯が認められるイスラムの教義もあるかもしれない。といっても、イスラム系諸国で多妻の男性はそれほど多いわけではない。当然だが、多妻となるには男性に経済力がなければ不可能だからだ。

既述の記事によれば、一九五〇年代からすでに人口が五倍に増えているアフリカでは食糧不足が深刻で、アフリカは世界最大の穀物輸入地域であり、特に小麦はロシアとウクライナからの輸入に頼っていて、ロシアのウクライナ侵攻で食糧事情は危機的状態にある。アフリカの農業の自給率が上がらない最大の要因は、日本貿易振興機構（ＪＥＴＲＯ）のアジア経済研究所上席主任調査研究員・平野克己氏によれば、水資源に乏しいことだ。

## スーダン内戦の背景にあるキリスト教対イスラム

二〇二三年四月、国軍と「迅速支援部隊（ＲＳＦ）」が内戦を行い、国際社会の焦点となったスーダンはまさにイスラムとキリスト教の断層線と言えるほど、宗教を単位に悲惨な内戦が繰り広げられた国だった。スーダンでは一九八三年から二〇〇五年までの間に継続したスーダン政府と南部クリスチャンを主体とする「スーダン人民解放軍（ＳＰＬＭ）」との戦いがあり、二〇〇万人が犠牲となったほど悲惨なものだった。このＳＰＬＭが政権の母体となって二〇一一年七月九日に南スーダンが分離独立を果たした。しかし、この二年後にＳＰＬＭが分裂して内戦が発生し、日本は二〇一二年からは南スーダン共和国ミッション（ＵＮＭＩＳＳ）に自衛隊員のＰＫＯ派遣を行ったが、見境のない戦闘の中で危険なミッションだったことは否定できない。

スーダンでは二〇一九年四月に三十年にわたって独裁政権を続けてきたオマル・アル・バシール大統領が軍のクーデターによって失脚し、辞任した。独裁政治への不満とともに、パンの価格が三倍に上がるなど国民生活の不安もあったが、国民の多くは民主化への期待をもった。二〇一一年に独裁体制を次々と倒した民主化要求運動「アラブの春」と同様な構図がスーダンでも現れたかに思われた。

バシール元大統領などが中心になって一九八九年に軍事クーデターを起こし、エジプトのムスリム同胞団の支部である「国民イスラム戦線」による政治が始まり、スーダンを一九七九年の革命で成立したイラン・イスラム共和国に次いで第二の「イスラム共和国」体制に仕立てた。しかし、このイスラム化政策も南部のクリスチャンたちには評判が悪く、スーダン内戦を劇化させる要因となった。

スーダンはパレスチナのハマス、レバノンのヒズボラ、エジプトの過激派ガマアト・イスラミーヤ（ＧＩ）を支援していたことで、米国がスーダンをテロ支援国家として経済制裁を与えることになった。そのことがスーダン国民の経済的疲弊をもたらし、二〇二三年に続くスーダン危機の一要因ともなっている。スーダンは世界銀行の分類によれば、「低所得・重債務国」のカテゴリーに入っている。

バシール前大統領は、ダルフール紛争で約三〇万人の死者および約二〇〇万人の難民・国内避難民を出した責任について、戦争犯罪などで国際刑事裁判所（ＩＣＣ）から逮捕状が発行されている。キリスト教徒やアニミズムの信仰者が多い「南スーダン」の分離独立で、スーダン人口の九七％がムスリムとなったが、南スーダンは独立とともに、スーダン全体の石油の四分の三を所有することになり、さらに、南スーダンの紛争で、パイプラインでスーダンに輸送されるはずの石油も滞るようになり、石油収入ばかりか、パイプラインの通行料まで入らなくなった。石油はスーダンにとって外貨獲得の重要な手段であったが、石油をめぐる収入を断たれてスーダンは、深刻なインフレと生活不安に陥った。

二〇二三年の内戦はスーダン軍トップのアブドルファタハ・ブルハン将軍と、準軍事組織「迅速支援部隊（ＲＳＦ）」のモハメド・ハムダン・ダガロ司令官の権力闘争で、二人ともスーダン内政の主導権の獲得を目指している。スーダンの民主化の理想とはほど遠い性格の内戦だ。この個人的な権力闘争の内戦で死ぬ大義を兵士たちは決して見出すことはできないだろう。兵士たちはまさに生活のために戦闘に加わっていて、戦闘を行っている両勢力は、経済的困難に直面する多くのスーダン国民とは異なって希少資源の売買などで経済的に潤ってきた。ダガロ司令官は金の採掘や湾岸諸国に兵士を供給することで私腹を肥やしてきた。国軍はこうしたダガロ司令官のもつ経済的特権をはく奪し、自らのものにしたい意向で、内戦には経済的利権をめぐる争いという側面もある。

ＲＳＦと親密な関係にあるのはＵＡＥ（アラブ首長国連邦）で、ＲＳＦはイエメン内戦でイランと親しい関係にあるフーシ派と戦うＵＡＥやサウジアラビアに兵士を提供してきた。ダガロ司令官はＵＡＥのムハンマド大統領と親密な関係にあり、スーダンは毎年ＵＡＥに一六〇億ドル（約二兆円）の金を輸出している。ＵＡＥの金の精錬所はスーダンから密輸された金を溶かし、そこからスーク（市場）を通じて世界市場に輸出されている。つまりＵＡＥはスーダンの金のロンダリングに加担している。ロシアはポート・スーダンに海軍基地を建設する計画をもち、ロシアの民間軍事会社のワグネル・グループは二〇一七年以来、スーダンで金の採掘などの事業を行ってきた。ロシアのウクライナ侵攻によって、米国やＥＵはワグネル・グループの金の採掘関連の企業に制裁を科すようになったが、欧米諸国はスーダンの金がロシアのウクライナでの戦費になることを警戒している。

## 欧米でのキリスト教人口の減少を表すサッカー・ワールドカップ

ヨーロッパではカトリックの聖職者たちの性的虐待や教会税の負担などでキリスト教離れが進んでいる。二〇二一年十月、フランスの独立調査委員会は一九五〇年代以降、性的虐待に関わったカトリック教会の関係者が三二〇〇人に及ぶことを明らかにした。ドイツでは教会に所属すると、所得の八%から一〇%が教会税として課せられ、その負担から教会離れが進み、毎年二〇万人以上の信徒たちが教会に関わらなくなっている。

ヨーロッパでは一九〇〇年に人口の九五%がクリスチャンだったが、二〇二〇年には七六%と減少した。最も増えたのは神の存在を信じない「エイシエスト（atheist）」や、神がいるかわからない「アクノースティック（agnostic）」（不可知論者）で、一九〇〇年には〇・四%だったが、二〇二〇年には一五%となった。ムスリム人口は一九〇〇年には九〇〇万人だったが、二〇二〇年には五三〇〇万人になった。その背景には北アフリカや西アジアからの移民人口の増加がある。ヨーロッパの宗教構成を変えているのは中東や南アジア、南東アジア、アフリカからの移民・難民の到来で、ムスリムやヒンドゥー教徒、仏教徒の数を増やしている。宗教構成の変化はヨーロッパの白人（クリスチャン）支配を脅かし、ヨーロッパの民主主義や人権といった進歩的価値に対する挑戦となり、白人クリスチャンの間では外国嫌い、移民の排斥を唱える極右の台頭をもたらしている。

　ヨーロッパではキリスト教徒の数が減少しているにもかかわらず、カトリック教徒（ローマ）、聖公会（カンタベリー）、ロシア正教会（モスクワ）、ルター派（ジュネーブ）など主要なキリスト教徒各派の「本部」が置かれている。キリスト教徒たちの大規模なイベントはヨーロッパで開かれ続け、宣教と慈善活動に継続して取り組んでいる。また、キリスト教団体は国連の「持続可能な開発目標（ＳＤＧｓ）」など世界的な社会経済、保健衛生、ジェンダーをはじめとする問題にも取り組んできた。

　ヨーロッパのキリスト教人口の減少を表す一つの例として二〇二二年サッカー・ワールドカップ・カタール大会でヨーロッパのチームの中にイスラム系移民の選手たちの活躍が目立ったことがあった。

　ドイツ代表チームで活躍したフォワード、「バイエルンのメッシ」とも形容されるＭＦのジャマル・ムシアラ選手（二〇〇三年生まれ）は、ナイジェリア人の父とポーランド系ドイツ人の母親のハーフである。ムシアラ選手がどれほどの宗教心をもっているかは不明だが、ムシアラ選手の父親は名字からしてムスリムだろう。ＭＦのイルカイ・ギュンドアン（一九九〇年生まれ）は両親がトルコ人で、ドイツとトルコの二重国籍の選手だ。他にも移民の選手としては、フォワードのカリム・アディェミ選手（二〇〇二年生まれ）は父親がナイジェリア出身のムスリムである。ムスリム移民関連の選手はドイツのナショナル・チームにとって不可欠になっている。

ドイツの人口は現在八四〇〇万人余り、そのうちのムスリム人口は四七〇万人ぐらいで、三〇〇〇万人ぐらいはトルコ系と見られている。ドイツは日本と同様に少子高齢化で、人口が六〇〇〇万人に減少すると見込まれるが、ドイツのメルケル政権（当時）はその経済力を喪失しないために、移民に対して寛容な姿勢をとった。

他方で、ドイツではムスリム移民に対する反発が広がっている。ドイツにはムスリムへのヘイト組織であるＰＥＧＩＤＡ（ペギーダ：西欧のイスラム化に反対するヨーロッパの愛国主義者たち）の活動があり、ドイツの東部のドレスデンでは、二〇一五年一月のフランス・パリのシャルリー・エブド事件を受けて、ドイツの「イスラム化」に反対するデモが二万五〇〇〇人を集めて行われた。ドレスデンは、失業率の高まり、移民の増加などを背景にネオナチの主要な拠点ともなっている。ドレスデンなど旧東ドイツでネオナチが台頭する背景には、旧西ドイツとは異なってナチス統治に対する十分な反省が行われず、またドイツ統一後も旧西ドイツとの経済格差があるなど若者たちの閉塞感がヘイト・クライムの背景になっている。

二〇二二年十月に発表された「統合と移民のための評議会（ＳＶＲ）」による世論調査では、四八％のドイツ人（移民を除く）がイスラムはドイツ社会にそぐわない、二九％がイスラムの宗教的活動を制限すべきだと回答した。また、四四％がムスリム組織は治安当局によって監視されるべきだと回答し、一六％がこのような措置に反対している。ムスリムやユダヤ人に対する否定的感情がドイツ人や、ムスリムとユダヤ人を除く移民の間で広まっている。ＳＶＲは、国内の宗教間の対話や、反差別的事業を促進することによって反ムスリム・ユダヤ感情に対抗していくべきことを説いている。

二〇二二年のサッカー・ワールドカップが開催されたカタールのＬＧＢＴＱへの「人権侵害」が欧米で問題視された。同性愛はイスラム法上禁止されているものの、実際には行われてきた。イスラム世界で同性愛に対する見方がいっそう厳しくなったのは、一九八〇年代以降、イラン革命などイスラムに対する原点回帰の運動が広がったこともある。イスラム法の伝統的解釈に基づけば同性愛は禁止されているものの、欧米ではゲイのイマーム（礼拝同導師）の誕生や活動もあって『クルアーン』に対する新しい解釈も生まれている（青柳かおる「イスラームにおける同性愛――伝統的解釈を中心に」〔『新潟大学人文学部人文科学研究』第一四七輯〔令和二年十二月十五日〕〕）。イスラム世界でも同性愛に対する見方は欧米と同様にその時代、地域で変化していくことだろう。

同性愛に対するイスラム世界の対応を非難する欧米諸国だが、欧米諸国も同性愛に対して厳しい方策をとってきた。一九六六年にイングランドでワールドカップが開催された時期、イングランドでは同性愛は法的に禁止されていた。西ドイツも一九七四年にワールドカップを開催したが、やはりその当時同性愛は禁止されていた。また、一九九四年に米国でワールドカップが開催された時、米国の半分の州で同性愛は法的に禁じられていた。イスラム諸国で同性愛に対する厳格な考えがあるのは、ヨーロッパ植民地主義の影響もあり、ヨーロッパ植民地支配の下に置かれた時代の同性愛に関する否定的な法律がイスラム系諸国ではいまだに機能している。

このように、欧米諸国がカタールのLGBTQへの姿勢を問題にしたのは自己矛盾を起こしているようだった。国際サッカー連盟（FIFA）は一九〇四年に結成されたが、その時の構成国はフランス、ドイツ、ベルギー、スウェーデン、スペイン、デンマーク、スイス、オランダというヨーロッパ・キリスト教諸国ばかりで、その後もFIFAの歴代会長はヨーロッパ諸国の人々が占めてきた（ブラジル人のジョアン・アヴェランジェ会長も父親はベルギーからの移民だった）こうした経緯からもFIFAはヨーロッパ、あるいは欧米的価値観が強い機構となっている。

ドイツによるカタールの人権批判に対してカタールの人々は、ドイツ・スペイン戦でかつてのドイツ代表のトルコ系選手メスト・エジル（一九八八年生まれ）の肖像画を掲げてドイツで人種差別があることを強調した。エジルは、二〇一八年のワールドカップでドイツが予選で敗退すると、自分がスケープゴートとされたと語り、メディアに「ドイツが勝利した時には私はドイツ人で、敗戦するとトルコ人になる」と話したことがある。

二〇一五年一月、ドイツのメルケル元首相はドイツ・ベルリンで「寛容」を求める集会に参加し、「外国人に対するヘイト、人種主義、極端主義はドイツに存在してはならない」と訴え、イスラムに対する寛容なドイツを強調した。彼女は信仰によって差別することはドイツの「自由」の価値観に反するとも語った。同様に出席したヨアヒム・ガウク大統領も「イスラムの過激主義に対抗する価値観は民主主義であり、法を重んじること、相互に尊重し合うこと、人間としての尊厳を敬うことが暴力に対抗するために重要だ」と語った。ガウク大統領は、ドイツ社会が移民によって多様性をもち、この多様性こそがドイツに成功をもたらしていると述べた。彼は東ドイツ出身の牧師である。

しかし、こうした寛容を求める声がドイツでは目立たなくなり、「ドイツのための選択肢（ＡｆＤ）」など、ナチズムに通ずるような人種主義が、反ユダヤ主義の苦い歴史や教訓をもつドイツで台頭している。

## 「イスラム左翼」論争とフランスを離れるムスリムたち

国連のアフマド・シャヒード人権特別報告官が二〇二一年三月四日、国連人権理事会に提出した報告書によると、欧米諸国では九・一一などのテロがイスラムの名において行われたこともあって、イスラムやムスリムに対するヘイトが広がり、ヨーロッパでは二〇一八年と二〇一九年には三七％の人々がムスリムに対して好意的な見方をしていなかった。また二〇一七年に米国では三〇％の人々がムスリムに対して否定的な考えをもち、これが欧米諸国でのイスラムの宗教活動をも困難にしていると報告した。

フランスでは二〇二一年に「イスラム左翼」論争が発生し、ムスリムが共産党や社会党などの党員、支持層になってフランス社会全体や大学を腐敗させていると、フレデリック・ヴィダル高等教育・研究・イノベーション大臣が二〇二一年二月十四日にフランスの保守系ニュースチャンネル「CNEWS（セ・ニューズ）」でコメントし、また大学に「イスラム左翼」の実態調査を行うように呼びかけて物議をかもした。

フランス国立科学研究センターはこれに猛烈に反発し、「イスラム左翼」は何の科学的実体をもつものではないという声明を出した。また、ヴィダル氏の辞任を求める署名は三月四日までに二万二〇〇〇人を超えた。

「イスラム左翼」という言葉は、哲学者のピエール＝アンドレ・タギエフ（一九四六年生まれ）がその著書の中で左翼とイスラム主義者はイスラエルの占領に反対するという共通の目標をもっていると主張した中で生まれた。

ヴィダル氏の発言はフランス極右国民連合のマリーヌ・ルペン党首によっても絶賛されたように、「イスラム左翼」という言葉は国内のムスリム移民を排除し、また左翼とも対抗したい極右によって都合よく使われるようになった言葉だ。いずれにせよ、「イスラム左翼」という言葉は、イスラムやフランス国内に住むムスリムへの偏見を助長しかねない危険性をもっている。

また、フランスのイスラムに対する差別や偏見はかつてイスラムを奉ずるアルジェリアの直轄支配者であったという歪んだプライドにも起因しているということも考えられる。フランスがアルジェリアを支配するようになったのは一八三〇年だったが、十八世紀までのフランスにはトルコのオスマン帝国が強大であったこともあって、イスラムに対する畏怖や敬意があった。

たとえば、一六八九年にフランスは、アルジェとトリポリ、チュニスと条約を結び、フランスの通商とフランス人の保護、宗教活動への不可侵を約束した。宗教活動の不可侵についてはこれと真逆なことをフランスが現在行っていることになる。当時、イスラム世界は太平洋から大西洋にまで広がり、世界全体がイスラムを信仰するのではないかという勢いがあり、傑出した宗教とフランスでは見なされていた。

十八世紀初頭に『千夜一夜物語』がフランス語に訳され、またトルコ風ファッションが流行り、コーヒー文化がパリ駐在のオスマン帝国大使によってもたらされた。モンテスキューの『ペルシア人の手紙』の「手紙37」には、「しばしばこの王（ルイ一四世）が述べたそうだが、世界のあらゆる政体のうちで、トルコ政体やわが陛下（ペルシア王）の政体が最も気に入っているらしい。それほど東洋の政治を重んじているのだ」とある。強者には畏怖の念をもち、弱者は排除し、いじめるというユダヤ人排除にも見られた感情がヨーロッパの極右勢力にはイスラムについても見られる。

フランスではイスラム・フォビア（イスラム嫌悪）による事件が増加するようになっている。「フランスのイスラム・フォビアに対抗するグループ（ＣＣＩＦ）によれば、フランスではイスラム・フォビアによる事件が二〇一九年には一〇四三件起き、二〇一七年と比較すると、七七％の増加だという。そのうち六八件が肉体的暴力、六一八件が差別、二一〇件がヘイト・スピーチだったという。また、二〇二一年にはイスラム・ヘイトに関する事件は三八％増加した。人種的憎悪、名誉毀損、モスクなど宗教施設の損壊行為、さらにテロとの戦いの中で起きた差別行為なども発生している。

フランスには五七〇万人のムスリムが住んでいて、西ヨーロッパでは一番多いムスリム人口だ。しかし、フランス社会のムスリムに対する差別や偏見、人種主義的な暴力などによって、フランスを離れるムスリムが少なからずいる。イスラム嫌悪の感情がフランスでは他のヨーロッパ諸国に比べてはるかに強いことが指摘されている。フランスを離れたムスリムたちの移住先で多いのはイギリス、ＵＡＥ、カナダ、モロッコ、アルジェリアなどで、多くの移住者たちはフランスに戻る気はないと語るようになった。フランスではムスリムに対する職業差別も根強くあり、就職や企業内での昇進が困難という問題がある。

## イスラエルで成立した人種差別法

二〇二二年十一月一日に行われたイスラエル総選挙ではパレスチナ・ガザ地区をしばしば空爆し、占領地での入植地拡大を継続したネタニヤフ政権が復活した。この政権にはかつてテロ組織として解体が命ぜられた極右のカハ党（カハネチャイ、「カハ・ナチ」とも呼ばれる）の流れを汲む諸政党も参加することになった。

二〇二一年末のイスラエルの人口構成は九四四万九〇〇〇人で、そのうちユダヤ人が六九八万二〇〇〇人（全人口の七三・九％）、アラブ人が一九九万五〇〇〇人（全人口の二一・一％）となっている。二一年十月イスラエルのベエルシェバにあるソロカ病院の胸部および心臓外科部長であるギデオン・サハル医師は、アラブ人が五人以上出産した場合には罰金を科すべきであると発言して、イスラエル国内のアラブ社会から「人種主義者」などと反発された。

イスラエルのユダヤ人たちにとってパレスチナ人の高い出生率は脅威となってきた。イスラエルはユダヤ人の国家であるというシオニズムのイデオロギーに基づいて成立したからだ。イスラエルのユダヤ人たちにはやがてパレスチナ人（アラブ人）の人口が上回り、イスラエルがユダヤ人の国家でなくなるという恐怖がある。

イスラエルは、二〇二三年三月、ヨルダン川西岸やガザなどのパレスチナ出身者がイスラエル市民（主にアラブ系市民を意識している）と婚姻を通じて、イスラエルの居住権、市民権を取得する（イスラエルに帰化する）ことを禁止する法案を成立させた。極めて人種差別的性格が強い法律としてパレスチナ人をはじめ国際社会から批判されている。

一九三五年九月に成立したナチス・ドイツのニュルンベルク法は、ユダヤ人がドイツ人の血を汚染することを前提にドイツ民族の純潔を守るための人種差別法で、ユダヤ人とドイツ国籍者、民族的にドイツ人との婚姻を禁止するものだったが、二〇二三年三月に成立したイスラエルの婚姻法はナチスのニュルンベルク法を彷彿させるものだ。

イスラエルではこのように人種差別的傾向が強まっているが、二〇二二年十一月に行われた総選挙の結果はイスラエルの人種差別的傾向をいっそう強めることになった。

極右政党「ユダヤの力」のベン・グヴィール（一九七六年生まれ）党首は、二〇二三年一月に成立したネタニヤフ政権で国内治安相として入閣し、イスラエル国内のパレスチナ系（アラブ）イスラエル人からイスラエルの市民権をはく奪することを提唱している。彼は、パレスチナ系市民がイスラエル国家への忠誠が見られないと判断された場合にはイスラエルから追放するという民族浄化措置を主張し、アラブ人に対するヘイト・スピーチを繰り返している。パレスチナ系イスラエル人の国会議員を「第五列（スパイ）」と形容し、パレスチナ系イスラエル人を放逐することを奨励する担当省を設立したいと述べている。イスラエル国内のパレスチナ系市民の「最終的解決」を見つけることに躍起となることは間違いない。「最終的解決」という言葉はナチス・ドイツがユダヤ人の絶滅について用いた言葉だ。

ベン・グヴィール国内治安相は、七世紀以来イスラムの聖地であるハラム・アッシャリーフの敷地内に再三足を踏み入れ、ユダヤ教の神殿を復活させることを主張している。

エルサレムは、メッカ、メディナに次ぐイスラム第三の聖域で、イスラム最初のキブラ（礼拝の方向）だったため、当初ムスリムはエルサレムに向かって礼拝を行っていた。その後メッカに変更され、現在もムスリムはメッカの方向に礼拝を行っている。エルサレムは、預言者ムハンマドが「夜の旅（イスラー）」の末に「昇天（ミウラージュ）」したところとイスラムでは解釈されている。

### ムスリム人口の増加を警戒する白人クリスチャン――オーストラリア

二〇一九年三月にニュージーランド・クライストチャーチで発生し、死者五一人を出したテロ事件に関して、オーストラリアの極右のフレイザー・アニング上院議員（一九四九年生まれ）は、事件がオーストラリアとニュージーランドにおけるムスリムの増大に対する恐怖によって起こされたと語った。事件の本当の原因は、ニュージーランドにムスリムの狂信主義者を移住させる移民プログラムに問題があるとも述べた。

オーストラリアは、クライストチャーチでの事件とは比較にならないほどの凄惨な虐殺を先住民のアボリジニに対して行った過去がある。イギリス人が十八世紀後半にオーストラリアにやって来た時、二五万人のアボリジニがいたが、一九二〇年代には六万人に減少したほどだった。

オーストラリアは、米国が独立後に米国に代わる流刑地としてイギリス人の植民が進み、先住民族のアボリジニは白人の娯楽としての狩猟の対象となったり、一八三〇年までにタスマニア島のアボリジニは絶滅させられたりした。アボリジニへの差別は、教育や医療などの分野で依然として改善されていない。

アニング議員は、クライストチャーチのモスクで礼拝を行っていたムスリムが狂信主義者だという証拠を何も示さなかった。ニュージーランドのムスリムには白人やマオリ人、さらにはホームグロウンの人たちもいて、必ずしも移民ばかりではない。さらに、慈悲や寛容を強調するイスラム神秘主義者たちもいる。

アニング議員は、「イスラムは宗教指導者になりすました六世紀の暴君が、イスラムに反対し、不信心者や背教者に対して果てない戦争を呼びかける宗教である」とも語った。イスラムの成立は六世紀ではなく七世紀なので、アニング議員にはイスラムに対する基本的知識もないようだ。『クルアーン』には

「慈悲ぶかいお方の僕とは、もの静かに大地を歩み、無知な者に話しかけられても、『平安あれ』という言う者」（第二五章六三節）

「善と悪は、同じではない。よって、いっそうよきものでお返しするがよい。汝とのあいだに敵意をいだく者とも、やがて親しい友人となるだろう」（第四一章三四節）

「汝が彼らをやさしくとりあつかったのも、じつを言えば、神のお慈悲によったこと。も

し　汝が冷酷でかつ粗野な態度であったならば、彼らは汝のまわりからちりぢりになったことであろう。とにかく彼らを赦し、彼らのために赦しを乞うてやれ。今度のことについても、彼らとよく合議せよ。いったん決意したなら、まず神にたよれ。神はたよる者を愛したもう」（第三章一五九節）

と、『クルアーン』はハラスメントや迫害を受けても非暴力を説いている。第二章一九〇節には「神の道のために、おまえたちに敵する者と戦え。しかし、度を越して挑んではならない（侵略してはならない）。神は度を越す者を愛したまわない」とある。

オーストラリアの人口構成は二〇二一年の国勢調査によれば、自らをクリスチャンと見なす人が四三・九％で、二〇一六年の五二・一％、二〇一一年の六一・一から減少し続けている。信仰をもっていない人が二〇二一年には三八・九％と、二〇一六年の三〇・一％、二〇一一年の二二・三％から上昇している。二〇二一年にムスリム人口は八一万三三九二人（全体の三・二％）だが、二〇一六年は六〇万四二三五人、二〇一一年は四七万六二九一人だったからムスリム人口は二〇一一年から倍増近い数字で著しい増加を示している。アニング議員の発言はそうしたムスリム人口の増加に対する白人クリスチャンの危機感を背景にしているに違いない。

## 欧米の宗教を超えた共存の動き

移住などでムスリム人口が増える中で、欧米でもイスラム・ヘイトやムスリムの排除を考える極右ばかりではなく、キリスト教とイスラム、あるいはユダヤ教との共存を目指す動きや考えがあり、欧米社会の安定をもたらすのはヘイトや極右ナショナリズムではなく、マイノリティを受け入れる寛容な考えであることは言うまでない。

二〇一六年七月にフランス北西部ノルマンディー地方サンテティエンヌ・デュルブレにあるカトリック教会で、刃物で武装した二人の男による立てこもり事件が発生し、八十五歳の神父が殺害されるという痛ましい事件が発生した。オランド大統領（当時）は「イスラム国（IS）」による犯行だと発表した。

教皇フランシスコは、この事件について「イスラムと暴力を結びつけて考えるのは正しくない」と語った。教皇は、すべての宗教に、カトリック教徒にも原理主義者がいて、イスラムの暴力について語るならば、キリスト教徒による暴力についても触れなければならないと語り、「ムスリムはほとんどの時間、場所において完全に平和的な人々だった」とも述べている。一五億人いるムスリムの中で、テロを起こすのはごくごく少数であること、カトリック教徒が多いイタリアでも、ガールフレンドや義母を殺害するケースがあることを教皇は指摘した。

教皇フランシスコは二〇二〇年十月に発表された新回勅「フラテッリ・トゥッティ(「兄弟である皆さん」の意)」の中でも十字軍の時代の一二一九年にエジプトのスルタン、アル＝マリク・アル＝カーミルと対話を行ったアッシジのフランチェスコ(一一八二〜一二二六年)が平和の種子を蒔き、貧しく、見捨てられた人々、弱者、追放された人々とともに歩んだことを強調しながら、テロを起こすのは宗教ではなく、宗教の誤った解釈や、飢餓、貧困などの経済的要因、政治的不正や弾圧などによって起こされるものであるとあらためて強調している。

また、二〇二一年八月に、アフガニスタンでタリバンが政権を奪取し混乱が起きると、教皇フランシスコは翌月の九月五日にサン・ピエトロ広場で行った日曜の定例祝福で「多くの国がアフガニスタン難民を受け入れ、新たな生活を求める人々を保護することを祈っている」と述べた。教皇は難民・移民たちの権利を擁護することを常々訴えてきたが、「アフガニスタンの国内避難民たちが必要な保護を受けることを祈り、若いアフガン人たちが教育を受けることは人類の発展のために不可欠な善である」とも語った。これは、ムスリム難民を拒絶する傾向にあるヨーロッパ諸国を意識した発言であったことは疑いがなく、教皇フランシスコは二〇二一年三月に宗教間対立が際立っていたイラクを訪問するなどキリスト教とイスラムの共存を目指した発言や活動を続けている。

二〇二一年九月十七日付「クーリエ・ジャポン」の記事に、「アフガン難民たちがたどり着いた『世界一豪華で奇妙な難民キャンプ』」というものがあった。記事によれば、アルバニアは四〇〇〇人のアフガン難民の受け入れを表明し、難民たちはアドリア海に面する四つ星、五つ星ホテルなどリゾート施設で暮らすようになった。アルバニアのエディ・ラマ首相は「人々をキャンプには入れません。そこは人間性を奪う場所であり、心理的にあらゆる問題を引き起こす場所です」と述べた。アルバニアでは一九九〇年代のコソヴォ紛争の際にコソヴォのアルバニア人難民たちを受け入れたという経験がある。

アルバニアはムスリムが全人口三〇〇万人の七割と多数を占める国だから、アフガニスタン難民のようなムスリムを受け入れることに違和感はあまりないと思われるかもしれないが、第二次世界大戦中は、二〇〇〇人以上のユダヤ難民を受け入れ、一人もナチスに引き渡すことがなかった国だ。ホロコーストからユダヤ人を救った外国人「諸国民の中の正義の人」の称号をもつ人がアルバニアには七五人いる。アルバニアには避難を求める人を絶対に守るという精神的伝統があるという見方があるが、それは庇護を求める人を助けなければならないというイスラムの伝統でもあると言えるだろう。

## 参考文献

『キリスト教とローマ帝国』ロドニー・スターク著、穐田信子訳（新教出版社）
『ヨーロッパ文化―その形成と空間構造』テリー・G・ジョーダン著、山本正三／石井英也訳（大明堂）
『竹内好全集　第十四巻』竹内好著（筑摩書房）
『回教概論』大川周明著（慶応書房）
『ヤマザキマリの偏愛ルネサンス美術論』ヤマザキマリ著（集英社新書）
『イスラムとヨーロッパ　前嶋信次著作選2』前嶋信次著（平凡社）
『ミケルアンヂェロ』羽仁五郎著（岩波新書）
『永遠平和のために／啓蒙とは何か』カント著、木田元訳（光文社古典新訳文庫）
『中東和平とイスラエル』木村修三著（神戸大学研究双書刊行会）
『地に呪われたる者』フランツ・ファノン著、鈴木道彦／浦野衣子訳（みすず書房）
『岩波小辞典　現代の戦争』前田哲男編集（岩波書店）
『エスプランディアンの武勲』ガルシ・ロドリゲス・デ・モンタルボ著、岩根圀和訳（彩流社）
『対談 中国を考える』司馬遼太郎／陳 舜臣著（文春文庫）
『タゴール著作集』ラビンドラナート・タゴール著（第三文明社）
『ネルーダ詩集』パブロ・ネルーダ著、田村さと子訳編（思潮社）
『愛と革命の詩人ネルーダ』大島博光著（大月書店）

PHP新書

PHP INTERFACE
https://www.php.co.jp/

宮田 律［みやた・おさむ］

1955年、山梨県生まれ。一般社団法人・現代イスラム研究センター理事長。慶應義塾大学文学部史学科東洋史専攻卒。83年、同大学大学院文学研究科史学専攻を修了後、米国カリフォルニア大学ロサンゼルス校(UCLA)大学院修士課程修了。87年、静岡県立大学に勤務し、中東アフリカ論や国際政治学を担当。2012年3月、現代イスラム研究センターを創設。専門は、イスラム地域の政治および国際関係。著書に『イラン』『イスラムがヨーロッパ世界を創造した』(以上、光文社新書)、『物語 イランの歴史』『中東イスラーム民族史』(以上、中公新書)、『現代イスラムの潮流』(集英社新書)、『イスラム唯一の希望の国 日本』(PHP新書)などがある。

# 人口からみた宗教の世界史

ユダヤ教・キリスト教・イスラムの興亡

(PHP新書 1363)

二〇二三年八月二十四日 第一版第一刷

著者――宮田 律
発行者――永田貴之
発行所――株式会社PHP研究所
東京本部――〒135-8137 江東区豊洲5-6-52
ビジネス・教養出版部 ☎03-3520-9615(編集)
普及部 ☎03-3520-9630(販売)
京都本部――〒601-8411 京都市南区西九条北ノ内町11
組版――有限会社メディアネット
装幀者――芦澤泰偉＋明石すみれ
印刷所
製本所――図書印刷株式会社


ISBN978-4-569-85516-5

# PHP新書刊行にあたって

「繁栄を通じて平和と幸福を」(PEACE and HAPPINESS through PROSPERITY)の願いのもと、PHP研究所が創設されて今年で五十周年を迎えます。その歩みは、日本人が先の戦争を乗り越え、並々ならぬ努力を続けて、今日の繁栄を築き上げてきた軌跡に重なります。

しかし、平和で豊かな生活を手にした現在、多くの日本人は、自分が何のために生きているのか、どのように生きていきたいのかを、見失いつつあるように思われます。そして、その間にも、日本国内や世界のみならず地球規模での大きな変化が日々生起し、解決すべき問題となって私たちのもとに押し寄せてきます。

このような時代に人生の確かな価値を見出し、生きる喜びに満ちあふれた社会を実現するために、いま何が求められているのでしょうか。それは、先達が培ってきた知恵を紡ぎ直すこと、その上で自分たち一人一人がおかれた現実と進むべき未来について丹念に考えていくこと以外にはありません。

その営みは、単なる知識に終わらない深い思索へ、そしてよく生きるための哲学への旅でもあります。弊所が創設五十周年を迎えましたのを機に、PHP新書を創刊し、この新たな旅を読者と共に歩んでいきたいと思っています。多くの読者の共感と支援を心よりお願いいたします。

一九九六年十月

PHP研究所

［**歴史**］

1209 満洲事変　宮田昌明
1210 日本の心をつくった12人　石 平
1213 岩崎小彌太　武田晴人
1217 縄文文明と中国文明　関 裕二
1218 戦国時代を読み解く新視点　歴史街道編集部［編］
1228 太平洋戦争の名将たち　歴史街道編集部［編］
1243 源氏将軍断絶　坂井孝一
1255 海洋の古代日本史　関 裕二
1266 特攻隊員と大刀洗飛行場　安部龍太郎
1267 日本陸海軍、失敗の研究　歴史街道編集部［編］
1269 緒方竹虎と日本のインテリジェンス　江崎道朗
1276 武田三代　平山 優
1279 第二次大戦、諜報戦秘史　岡部 伸
1283 日米開戦の真因と誤算　歴史街道編集部［編］
1296 満洲国と日中戦争の真実　歴史街道編集部［編］
1308 女系で読み解く天皇の古代史　関 裕二
1311 日本人として知っておきたい琉球・沖縄史　原口 泉
1312 服部卓四郎と昭和陸軍　岩井秀一郎
1316 世界史としての「大東亜戦争」　細谷雄一［編著］
1318 地政学と歴史で読み解くロシアの行動原理　亀山陽司
1319 日本とロシアの近現代史　歴史街道編集部［編］
1322 地政学で読み解く日本合戦史　海上知明
1323 徳川家康と9つの危機　河合 敦
1335 昭和史の核心　保阪正康
1340 古代史のテクノロジー　長野正孝
1345 教養としての「戦国時代」　小和田哲男
1347 徳川家・松平家の51人　堀口茉純
1350 三大中国病　石 平
1351 歴史を知る読書　山内昌之

**［思想・哲学］**

1117 和辻哲郎と昭和の悲劇　小堀桂一郎
1159 靖國の精神史　小堀桂一郎
1215 世界史の針が巻き戻るとき　マルクス・ガブリエル［著］／大野和基［訳］
1251 つながり過ぎた世界の先に　マルクス・ガブリエル［著］／大野和基［インタビュー・編］／髙田亜樹［訳］
1289 日本の対中大戦略　兼原信克
1294 アメリカ現代思想の教室　岡本裕一朗
1302 わかりあえない他者と生きる　マルクス・ガブリエル［著］／大野和基［インタビュー・編］／月谷真紀［訳］
1332 習近平三期目の狙いと新チャイナ・セブン　遠藤 誉